성령의 주권적 사역

로이드 존스 著
정 원 태 譯

기독교 문서 선교회

PROVE ALL THINGS

by
D. M. Lloyd–Jones
translated by
Won–Tai Chung

1990
Christian Literature Crusade
Seoul, Korea

감사의 말씀

　이 책과 이 책보다 먼저 출판된 『성령세례』(*Joy Unspeakable*)의 원고를 편집하는 과업은 나의 할머니가 되시는 베단 로이드 존스(Bethan Lloyd Jones) 여사와 나의 어머니시며 로이드 존스(Lloyd Jones) 박사의 장녀이신 엘리자베스 개더우드(Elizabeth Catherwood)의 도움이 없었더라면 거의 불가능했을 것입니다. 여러 장들에 있어서 이 책의 많은 분량이 이미 고인이 되신 나의 할아버지인 마틴 로이드 존스(M. Lloyd Jones) 박사가 1981년 그가 세상을 떠나시기 전에 이 일의 대부분을 시행하셨습니다. 왜냐하면 그는 이 설교가 출판되기를 아주 소원하셨기 때문입니다. 이 책에 있어서도 과거에 출판되었던 로마서 강해와 에베소서 강해와 같이 대부분 수정이 없이 거의 그대로 옮겼습니다. 그러므로 저는 앞서 출판된 『성령세례』와 이번의 책 『성령의 주권적 사역』을 출판하시기 위하여 많은 수고를 하신 여러분들에게 무한한 감사를 드리는 바입니다.

편집인 크리스토퍼 개더우드

감사의 말씀

"요한이 대답하되 나는 물로 세례를 주거니와 너희 가운데 너희가 알지 못하는 한 사람이 섰으니… 나도 그를 알지 못하였으나 나를 보내어 물로 세례를 주라 하신 그이가 나에게 말씀하시되 성령이 내려서 누구 위에든지 머무는 것을 보거든 그가 곧 성령으로 세례를 주는 이인줄 알라 하셨기에."

요한복음 1:26, 33

"범사에 헤아려 좋은 것을 취하고"

데살로니가전서 5:21

차 례

감사의 말씀
역자서문
머리말
서   론

제 1 장 확신을 주는 은사 ································· 21
제 2 장 "성령이 그 뜻대로" ···························· 45
제 3 장 영들을 시험함 ····································· 67
제 4 장 지혜와 말씀 ·· 89
제 5 장 잘못에 대한 안전 장치 ······················ 109
제 6 장 예수는 주시다 ··································· 129
제 7 장 은사를 구함 ······································ 149
제 8 장 방언을 통제함 ··································· 173

역자서문

　우리는 하나님께서 때를 따라 귀한 당신의 종들을 보내어 그 시대에 밝은 빛을 비추어 하나님의 교회를 인도하심을 볼 수 있다. 초대 교회가 기독론 논쟁 시대라면, 교부 시대는 삼위일체 등의 신론(神論) 논쟁 시대라고 볼 수 있고, 종교개혁 시대에는 구원론 논쟁 시대이고, 현대는 성령론 논쟁 시대라고 할 만큼 성령론에 관한 논의가 국내외를 물론하고 분분하게 일고 있다. 그 대표적 논쟁은 주로 개혁파 계통의 성령론과 오순절파 계통의 성령론으로서 서로 팽팽하게 맞서고 있다고 볼 수 있다. 개혁파의 중요한 가르침은 오순절 성령강림의 단회성을 주장하고 오순절에 오신 성령의 인도와 주장을 받고 사는 것이라고 주장하는 것이다. 또한 오순절파의 가르침은 오순절 성령강림의 계속성을 주장하고 오순절은 하나의 교회부흥의 모델이기 때문에 그와 같은 역사는 계속해서 일어날 수 있다는 주장이다.
　이러한 때에 20세기 영계의 거성이며, 철두철미한 개혁주의자요, 또한 대교회의 목회자요, 역사에 나타난 모든 부흥 사역을 깊이 고찰한 로이드 존스(Lloyd Jones) 박사를 통하여 현금(現今)의 성령론을 재정립한 것이 본서라고 할 수 있겠다.
　독자들이 처음으로 이 책을 대하면 "아, 로이드 존스 박사도 역시 오순절파 성령론을 가지고 있구나!"하고 속단하기 쉬울 것이다. 그러나 이 저술 뿐만 아니라 모든 저술들 속에 나타난 "성령론"을 종합해 보면 그는 개혁주의 입장에 분명히 서 있으면서(오순절의 단회성을 주장하시면서) 또한 오순절은 하나님의 교회에 성령의 능력을 부어주신 성령의 능력세례임을 주장한다.

역자는 로이드 존스 박사의 저술을 숙독하면서 그의 성령론에 깊이 공감을 가진 바가 있었다. 그래서 나의 졸저인 『열정 칼빈주의』(Fervent Calvinism)라는 책의 "성령충만의 사람"이라는 항목에서 로이드 존스 박사의 성령론을 토대로 하여 성령이 가르치는 참된 성령의 교리가 무엇인지(특히 성령의 세례와 성령의 충만에 대하여)를 정리하여 보았다. 역자가 분명히 믿기는 로이드 존스 박사의 성령론이야말로 개혁주의 입장에서 오순절파의 성령론을 바로 이해하고 소화하고 흡수하여 바르고 참된 성경적 성령론으로 통일한 것이라고 믿는다. 그러나 이 성령론을 바로 이해하기 위해서는 올바른 용어의 사용과 이해가 있어야 하겠기에 역자의 저서 『열정 칼빈주의』에서 중요 내용을 발췌하여 독자의 이해를 돕고자 한다.

1. 중생(요 3 : 3,5)—새 생명의 원리를 인간의 영혼 속에 심고 영혼의 주도적 성향을 거룩하게 하시는 하나님의 사역이다.

2. 성령의 기본세례(고전 12 : 3,13)—(로이드 존스는 고린도전서 12 : 13에 나타난 성령의 세례를 **성령에 의한** 세례라고 하여 주님께서 친히 주시는 **성령의 능력세례**와 구분하고 있다. 요한복음서 1 : 33 참조)—거듭난 영혼을 주님의 몸된 교회에 연합시켜(고전 12 : 13) 예수님을 성령으로 말미암아 주시라고 부르게 하시는 성령의 사역이다. 이런 의미에서 **중생**과 **성령의**

기본세례는 동일한 사건을 각각 다른 차원에서 보는 것이다. 전통적 개혁교회에서 중생한 자가 성령의 세례를 받았다고 말하는 것은 성령의 기본세례를 지칭하는 것으로 해석하여야 한다.

3. 성령의 생활충만 (엡 5 : 18) — 거듭나고 성령의 기본세례를 받은 자가 "성령을 마음의 중심에 모시고 성령의 인도와 주장을 지속적으로 온전히 받는 것"이다.

4. 성령의 능력세례 (눅 24 : 49, 행 1 : 5, 8 ; 2 : 1~4) — 신자들이 성령의 생활충만한 가운데 살 때 그들에게 특별한 사역을 수행시키기 위하여 능력을 부어주시는 성령의 사역이다. (로이드 존스가 본서에서 성령세례라고 말하는 것은 바로 이것을 의미하고, 이것은 승천하신 주님께서 친히 부어주시며 오순절 뿐만 아니라 교회사를 통하여 계속 부어져 왔으며, 또 계속 부어짐으로 각 신자와 교회가 부흥될 것이라고 주장하고 있다.)

5. 성령의 능력충만 (행 2 : 1~4 ; 4 : 8, 31 ; 7 : 55) — 특별한 사역과 위기의 때에 성령의 능력세례의 결과로 성령의 능력이 충만히 임재한 상태이다.

이상의 5가지의 정의를 예수님의 제자들에게서 살펴보면 잘 이해가 된다. 오순절이 되기 전에 제자들은 거듭나(중생) 있었다(마 16 : 16, 17, 고전 12 : 3). 그들은 이미 성령의 기본세례는 받은 것이다(고전 12 : 3, 13 — 이 구절을 가지고 개혁주의에서는 모든 신자는 다 성령의 세례를 받았다고 주장하고, 로이드 존스는 성령에 의한 세례라고 주장한다. 문제는 이것을 성령의 기본세례라고 칭하면 양자에서 다 해결이 되고 만다). 다음으로, 그들이 마가의 다락방에 모여서 그들의 잘못을 회개하고 "전혀 기도에 힘쓰므로" 성령의 생활충만을 받는 것으로 볼 수 있다(엡 5 : 18). 그리고 오순절 날이 이르매 하나님께서 성령으로 능력세례를 베풀어 주셨고(행 2 : 1~3), 그 결과 그들은 성령의 능력충만을 받은 것이다.(행 2 : 4, 기타 자세한 것은 『열정 칼빈주의』42~58 페이지를 참조하면 본서의 이해에 큰 도움이 될 것이다.)

이상에서 살핀 대로 우리가 로이드 존스 박사의 성령론을 바로 이해하면 각 개인의 심령과 교회에 위대한 부흥의 불이 다시 일어날 것을 확신하게 될 것이다.

특히 본서 『성령의 주권적 사역(*Prove All Things*)』에서 강조하는 것은 다음과 같다.

1. 성령 하나님께서는 영원토록 동일하심으로 신약성경 시대의 은사가 결코 종결되었다고 할 수 없고, 성경에도 그러한 근거는 찾을 수 없다. 우리 신자들이 성령의 기본세례를 받아서 거듭난 후 성령의 능력세례를 받을 때, 신약성경 시대에 나타난 은사들은 성령의 주권적 사역으로 나타날 수 있다(질적으로 동일한 성격을 가졌다고 볼 수는 없다 할지라도).

2. 이 은사는 인간의 의지와 소원대로 주어지는 것이 아니라 성령 하나님의 주권에 따라 주어진다. 이 때에 사탄과 악령들도 역사하므로 하나님의 말씀과 우리의 이성으로 이러한 은사들을 "헤아려 보고, 분별하고, 좋은 것을 취해야 한다."

3. 성령의 능력세례가 임할 때 반드시 은사가 수반되는 것은 아니다. 초창기 오순절주의자들이 주장한 대로 방언이 성령의 능력세례를 받은 증거라고 한 것은 전적으로 비성경적인 것이다. 성령의 능력세례는 주 예수 그리스도의 영광스러운 복음증거와 연관되므로 방언과 같은 은사의 수반 없이도 성령의

주권적 사역에 따라 성도들에게 임하신다.

4. 성경의 모든 은사가 성령의 뜻에 따라 베풀어진다 해도 우리 신자들은 이 은사들을 하나님의 영광과 교회의 공익을 위하여 통제(Control)해야 한다.

바라기는 본서가 성령론 문제로 진통을 겪고 있는 한국교회에 바로 이용되고 실천되어, 참되고 바른 부흥의 불길이 일어나 우리 한국교회가 이 영화로운 복음을 온 세계에 전파하여 모든 인류에게 "말할 수 없는 영광스러운 즐거움으로" 채우사 "하나님을 영화롭게 하고 영원히 즐거워 하는데" 귀하게 이용되기를 소원할 뿐이다.

끝으로, 본서의 번역을 권면해 주신 사단법인 기독교문서선교회 대표 박영호 목사님께 감사를 드리며, 교정에 수고한 C.L.C 직원들에게 감사를 드린다.

1990. 4. 30   정 원 태 識

머 리 말

　　로이드 존스 박사의 목회설교는 웨스트민스터 채플에서 행하여 졌는데 이는 주로 그가 그들을 관찰하는대로 영적 필요들을 채우기 위하여 행해진 것입니다. 그리하여 그는 약 20년간이나 자기들의 지성을 하나님의 복음을 위하는데 사용하여 그것을 실제 생활에 적용하고 또 그것을 통해서 하나님의 이름으로 거짓을 척결하는데 사용하기를 거절하는 반지성주의를 정정하는데 집중해 왔습니다. 그리고 1960년대에 들어서면서 그는 자신이 세 그룹의 사람들을 동시에 지도해야 한다는 그런 부르심을 받았다고 생각했습니다. 첫째 부류의 사람들은 로이드 존스 박사가 처음에 강조했던 것을 잘못 이해해서 참된 기독교 체험과는 격리된 성경적 전통주의를 주장하는 사람들이었고, 두번째 부류는 기쁨을 결여하면서도 웨스트민스터 채플에 몰려든 칼빈주의적 경건주의자들이었고, 세번째 부류는 그의 초기에 가르쳤던 그 강조점은 회피하고 이제는 더욱 지나쳐 가서 은사 운동에만 관심을 가지는 감정주의 복음주의자들이었습니다. 영적 건강을 성경적 이해의 빛에 비추어 영적 질병을 치료하는 영혼의 선한 의사로서 로이드 존스 박사는 첫번째 그룹을 죽은 정통으로 보았고, 두번째 그룹을

머 리 말

영적인 벌레들에게 먹혀가면서 고통하는 사람들로 보았고, 세번째 그룹을 암적인 광신주의에 고통하는 사람들로 보았습니다. 이 책을 구성하는 모든 말씀들은 이 세 종류의 사람들을 치료하기 위한 것입니다.

   설교자로서 말씀을 전달하는 자질 곧 그의 목회적 지혜와 그의 변증의 명확함, 그의 성경적 사고방식의 활력과 정확함, 그의 논증의 탁월함과 압도성, 그리고 무엇보다도 예수 그리스도의 명예와 교회의 건전한 발전을 열망하는 소원 등은 제가 말할 필요도 없을 만큼 탁월한 것을 온 천하가 다 알고 있는 것입니다. 저는 이 점에서 명백히 제 자신으로서는 이 책의 초반부에서 가정하는 것처럼 성령세례를 어떤 특수한 확신의 경험의 한 형태로만 보는데 대해서는 약간의 주저(reservations)를 가지고 있는 것은 긍정을 합니다. 곧 제가 생각하기로는 경험 면에 있어서 성령세례는 보다 넓은 의미로 정의되는 것이 옳은 것처럼 보입니다. 즉 오순절 후 기독교 경험에 들어가는 한 체험으로서 그리스도와 하나가 되는 확신, 하나님의 사랑 안에서 그리스도와 하나가 되는 확신과 같은 그런 체험 안에 들어가는 것으로 정의하는 것이 더 좋을 것 같습니다. 로이드

머 리 말

존스 박사의 주장대로 이렇게 하나됨과 사랑의 강렬한 인식은 기도로써 추구되어야 합니다만 이러한 체험의 강렬함을 마치 성령세례의 모든 실체라고 생각하는 것은 타당치 못한 것같습니다. 그러나 이 책의 중심 부분에서 저는 말할 수 없는 감사를 드리지 않을 수가 없습니다. 거기에는 "성령세례에는 반드시 방언이나 혹은 어떤 다른 특수한 은사가 수반되어야만 하는 것은 아니다"라는 등의 내용과 어떤 성령의 은사도 영구히 없어졌다는 것은 긍정할 수 없다는 사실, 사도행전 2장과 고린도전서 1장의 비록 놀라운 체험이기는 하지만 서로 다르다는 것, 광신주의는 언제나 어떤 점에서는 자아 중심적이라는 사실 등등의 기록이 있는 것을 제가 읽을 때마다, 감사를 드릴 수밖에 없습니다. 이러한 주장들은 제가 보기에는 정말로 옳고도 현명하고 또한 현재 논의가 되고 있는 이런 모든 사실들에 비추어서 너무나도 도움이 된다고 하겠습니다. 최근 20여년 동안 로이드 존스 박사가 그렇게도 추구했던 것처럼 교회의 부흥이 이 출판을 통해서 더욱 맹렬히 일어나기를 소원합니다.

제임스 패커

서 론

테이피 벨리(Teifi Valley)에 있는 뉴카슬 엠린(Newcastle Emlyn)의 도시 밖에 있는 웰쉬 웨일즈(Welsh Wales) 마을 중앙에 있는 교회 뜰에는 한 무덤이 있습니다. 그 무덤 위에는 다음과 같이 쓰여져 있습니다. '마틴 로이드 존스 1899년~1981년 : 내가 너희 중에서 예수 그리스도와 그의 십자가에 못박히신 것 외에는 아무 것도 알지 아니하기로 작정하였음이라.' 그 교회 근처에는 이반 필립스(Evan Phillips)의 무덤이 있는데 그는 로이드 존스 박사의 부인이었던 베단 여사의 할아버지였습니다. 그곳은 부흥(곧 성령님께서 권능으로 부어주셨던 놀라운 역사)으로 유명한 1904~5년에 있었던 웰쉬 부흥이 일어났던 곳이었습니다. 제 할아버지가 그곳에 묻히기를 원하셨는데, 그것이 아주 적합하다고 여겨집니다. 왜냐하면 그의 전 사역을 통해서 그는 그러한 놀라운 열정을 가지고 있었기 때문인데, 그 열정은 부흥의 열정이며 성령님께서 하나님의 백성들 위에 부어주신 것입니다. 그는 성경연구를 통해서 만약에 하나님의 백성들이 사도행전처럼 성령으로 세례를 받으면 부흥은 일어날 수 있다고 그는 믿었습니다. 이렇게 부흥이 일어남으로 십자가에 못박힌 예수 그리스도의 복음의 능력이 그 땅에서 일어날 것을 믿었던 것입니다.

나의 할아버지께서는 언젠가 의사들의 모임에서 말씀하셨습니다. "결코 현상으로 신앙을 결정해서는 안됩니다. 우리들은 오직 성경이 분명하게 가르치는 것을 믿을 뿐이며, 또 성경의 빛에 따라서 이상한 현상들을 시험해 봐야 합니다. 마음을 열어 놓으시오. 귀를 늘 기울이십시오. 그러나 결코 무비판적이 되지는 마십시오." 혹은 우리 사도 바울의 표현대로 "범사에 헤아려 좋은 것을 취하라"(살전 5:21)는 것입니다. 그러므로 이 책은 『성령의 주권적 사역 (범사를 헤아리라)』이라고 명명된 것입니다. 이 책은 로이드 존스 박사가 웨스트민스터 채플에서 설교한 성령님에 관한 일련의 설교의 한 부분입니다. 그리고 순서적으로는 이것은 그 설교의 중심부에 해당되는 부분입니다. 이 책은 성령님에 관한 주제의 가장 중심적이고도 중요한 부분입니다. 그리고 앞서 1984년에 출판된 『성령세례 (말할 수 없는 기쁨)』라는 책과 균형을 맞춘 것입니다. 곧 명백해 지겠지만 나의 할아버지는 성령님의 은사를 논하기는 하셨지만 이 책은 그와 같은 은사론에 관한 책은 아닙니다. 비록 성령의 어떤 은사에 대하여 언급이 있기는 하지만은 오히려 이 책은, 성령세례의 결과를 성경적으로 분해해 놓은 책이라고 하겠습니다.

나의 할아버지는 늘 지적하셨습니다. "그들이 은사를 인정하지 않고 배척하기 때문에 성령세례에 관한 교리를 배척하는 사람들이 많이 있다." 나의 할아버지가 영들을 시험해보고 범사를 헤아리게 하는 이 설교들을 시작하셨던 것은 그가 성령세례에 관한 성경의 가르침이라고 믿었던 것을 보호하려는 소원을 가졌기 때문인 것으로 보입니다.

나의 할아버지는 주관적 체험보다는 성경으로 언제나 시작하셨기 때문에 당연히 성경적 관점이 희박한 그 당시 교회에서 일어났던 지나치다고 생각되는 현상들에 대해서 염려를 하게된 것 같습니다. 그가 지적하셨던대로 '우리는 크리스챤으로서 우리의 지성을 명백히 하여 성경적 가르침의 빛에 따라 참된 이해를 추구해야 합니다. 그리고 하나님께서 우리에게 이해의 성령님을 주셔서 분명히 어렵다고 느껴지는 것들을 깨닫게 해달라고 기도해야 할 것입니다. 그가 계속해서 가르친대로 교회는 성경적 범위에서의 성령으로 세례받는 것이 필요합니다. 그의 가장 중요한 주장은 이 시대에 있어서 가장 긴급히 필요한 것의 하나가 바로 성령세례라는 것입니다. 그러나 그 문제에 관한 많은 혼돈과 쟁론이 있었습니다. 그 문제는 검토되어야 하고, 친히 그것을 검토하신 분으로서 나의 할아버지는 지름길을 믿거나 말하기 쉬운 매끄러운 대답을 하지 않았습니다. 그런 것들은 결코 그에게는 만족스런 것이 되지 못했습니다.

　이 책에서 박사님은 매사에 성경적 균형에 호소하셨고 또 모든 것을 적절하게 이해하기를 원하셨다는 것을 볼 수 있습니다. 다른 한편으로 그는 모든 은사가 사도 시대에 끝나버렸다는 주장은 있을 수 없는 일이라고 말씀하신 것 같습니다. 성경은 어느 곳에서도 이런 일들이 단지 임시적이다라고 말한 곳은 없습니다. 결단코 그런 곳은 없습니다. 반면에 이 모든 은사들은 성령님의 주권 아래 있습니다. 성령님께서 언제 어떻게 그리고 어디서 역사하실까를 결정하십니다. 그러므로 우리 그리스도인들은 가끔 성령을 소멸하거나 혹은 모든 것을 비판적으로 받아들이기 쉽습니다. 그 문제에 대한 단순하고 성경적인 사실은 성령님의 은사는 성령님 자신의 손에 놓여 있고, 그것을 결정하는 것은 성령님 홀로 결정하신다는 것입니다.

　다시 우리가 출발점으로 돌아와서 볼 때에, 나의 할아버지께서는 "성령세례는 위대한 능력으로 친히 나타나지만, 반드시 여러 이러한 은사가 수반되야 한다고는 할 수 없다"라고 확고부동하게 믿으셨습니다. 『성령세례』(*Joy Unspeakable*)에서도 그가 명백히 주장하신 것처럼 성령세례의 전체 목적은 우리로 하여금 예수 그리스도의 증인이 되게하는 것, 즉 십자가의 복음이 잊혀진 시간과 장소에서 예수 그리스도의 증인이 되게하는데 있는 것입니다. 성령님께서는 주권적이십니다. 그리고 자신에게 관심을 끌기 위하여 보내신 것이 아니라 우리의 모든 생활에서 예수 그리스도를 중심으로 삼기 위하여 보내신 것입니다. 이 사실은 성경 자체로 볼 때도 명백할 뿐만 아니라 다시금 교회사에서 입증이 된 것입니다.

'예수 그리스도와 그의 십자가에 못박히신 것'은 나의 할아버지 생애의 위대한 주제였습니다. 이것이 왜 그가 성령세례를 그렇게 중요한 것으로 간주했는가 하는 이유입니다. 그리하여 모든 사람이 구원의 영광스런 복음을 알 수가 있는 것입니다.

이것이 또한 그가 성경에서 발견한대로의 그 교리를 방어하고자 그렇게 열망했던 이유이며 또 그가 그리스도인은 성경으로부터 모든 것을 시험하여 보고 헤아려 보라고 강조한 이유입니다. 불행하게도 오늘날의 그리스도인들은 성령님의 은사와 같은 그런 문제를 가지고 서로 다투는 데만 종종 관심을 가진 것같습니다. 예수 그리스도의 복음을 가지고 잃은 자를 구원하려는 것보다는 성령의 은사들과 같은 이런 문제들로 서로 다투는 데 많은 시간을 허비한 것 같습니다.

성경에 나오는 용어 곧 성령세례가 실제로 무엇을 의미하는가를 우리가 어떻게 생각하든지 간에 또 내 할아버지께서 『성령세례』에서 그리고 『성령의 주권적 사역』에서 제시하는 그것이 우리와 일치하든 일치하지 않든간에 우리는 결코 이 메시지의 가장 중심 부분에는 웨일즈에 있는 묘비에 기록되어 있는 말씀대로 '예수 그리스도와 그의 십자가에 못박히신 것' 임을 잊어서는 아니될 것입니다.

크리스토퍼 개더우드

제 1 장

확신을 주는 은사

　제가 여러분들의 주의를 끌어 말씀드리고자 하는 본문의 말씀은 "요한이 대답하되 나는 물로 세례를 주거니와 너희 가운데 너희가 알지 못하는 한 사람이 섰으니…, 나도 그를 알지 못하였으나 나를 보내어 물로 세례를 주라 하신 그이가 나에게 말씀하시되 성령이 내려서 누구 위에든지 머무는 것을 보거든 그가 곧 성령으로 세례를 주는 이인줄 알라 하셨기에"(요 1 : 26, 33)입니다.
　지금 우리가 취급하고자 하는 주제는 성령세례라는 위대한 주제입니다. 저는 이 성령세례야말로 우리 그리스도인들로 하여금 우리의 영화로우신 주님이요 구세주를, 그리고 우리의 영존하신 아버지를 이 죄많고 수치스러운 세대에 승리하게 하시는 능력이라는 것을 보여드리고 싶습니다. (이 책의 자매편이 되는 『성령세례』를 참고하시기 바랍니다.) 우리는 이 구원의 복음이 오늘날 세상에 가장 필요한 것이며, 모든 개인에게 가장 필요로 한 것이며, 전 세계 전반에 유일한 소망임을 믿습니다. 우리가 살고있는 세상은 문제들로 가득차 있고 이 문제들을 해결하기 위하여 오랫 동안 노력해왔고 또 해결하려고 애써 왔습니다. 그런데 처음에 시작했던 때보다 지금 조금도 해결이 진척되지 못하고 있습니다. 즉, 우리가 믿기로는 우리가 살고 있는 세상은 성경의 가르침에 의하면 하나님의 진노 아래 있는 세상입니다. 이 세상은 하나님으로부터 돌아서 있으며, 그리하여 재앙과 혼란을 가져온 세상입니다. 이러한 세상을 향한 유일한 소망은 복음입니다. 우리 그리스도인들은 이 세상에서 하나님의 나라의 대표자들이 되라고 부르심을 받은 사람들입니다. 그 효과적인 부르심에 관해 수많은 증거가 성경 여러 곳에서 발견될 수 있습니다.

이스라엘의 자녀인 유대인들도 또한 하나님의 백성이었습니다. 그들에게는 하나님의 말씀이 주어졌습니다. 하나님께서는 그들에게 세상의 국가들 앞에 하나님을 나타나게 하기 위하여 그들에게 계시를 주셨습니다. 그리고 이것은 또한 오늘날의 우리 기독교인들에게도 사실입니다. 이것이 바로 교회의 사명입니다. 곧 세상에 대하여 예수 그리스도 안에 있는 위대하고 영광스런 구원을 전하는 것입니다. 예수 그리스도는 세상의 유일한 소망입니다. 인간에게는 아무런 소망이 없습니다. 우리의 유일한 소망은 하나님 아들 안에 있고 우리의 사업은 그분을 드러내는 것이며, 세상 모든 사람가운데 그분을 영화롭게 하는 것이며 그분의 이름을 찬양하는 것이며, 그들에게 예수 그리스도의 인격과 그의 위대한 구원의 탁월함을 보여주는 것입니다. 그것이 우리의 사업입니다. 우리만이 세상에서 그 일을 할 수 있습니다. 교회는 예수 그리스도를 전파해야 합니다. 또 예수 그리스도가 십자가에 못박히심을 전파해야 합니다. 그것만이 유일한 소망이요, 또 예수 그리스도만이 세상의 유일한 구주십니다. 그러므로 우리는 사도행전 4：12에 있는 말씀 그대로 "천하 인간에 구원을 얻을만한 다른 이름을 우리에게 주신 일이 없다"는 것을 선포해야 합니다.

그리고 기독교인들만이 그 말씀을 가지고 있으며 그들만이 그것을 세상에 나타낼 수 있습니다. 이 세상은 이 복음을 알지 못합니다. 세상은 믿지를 않습니다. 여기에 문제의 원인이 있습니다. 그래서 우리는 예수 그리스도를 증거하고 그를 영화롭게 하기만을 위해서 부르심을 받았습니다.

그러나 문제는 이것입니다. 우리가 어떻게 그 일을 할 수 있는가? 우리는 그에 관한 사실을 알고 있습니다. 그러나 예수 그리스도는 친히 그것만으로는 충분치 않다고 가르치셨습니다. 그리스도는 자기가 친히 훈련시킨 제자들에게 까지도 말씀하셨습니다. 그의 제자들은 그의 지상 생애 동안에 내내 그와 같이 있었고 그의 죽으심과 장사되심과 그의 부활의 사실들을 그들 육안으로 분명히 본 사람들이었습니다. 그런 제자들에게 친히 말씀하시기를 "볼찌어다 내가 내 아버지의 약속하신 것을 너희에게 보내리니 너희는 위로부터 능력을 입히울때까지 이 성에 유하라 하시니"라고 하셨습니다. 그리고 오순절 날에 그는 성령의 세례로 그들에게 그 권능을 부어 주셨습니다. 그리고 우리는 성령세례의 중요한 중심 목적이 우리로 하여금 권능을 가지고 예수 그리스도의 증인이 되며 그의 인격과 사역에 증인이 되게하는 데 있다는 것을 보여 주고자 합니다. 그러므로 이러한 시점에서 우리가 이 가르침을 이해하는 것보다 더 중요한 것은 없다고 하겠습니다.

이제 앞으로 저는 성령세례의 증거가 무엇인가 하는 것에 대하여 생각하고자 합니다. 저는 이 증거를 다음과 같이 두 가지 주요 범주로 구분해서 말씀드리겠습니다. 하나는 다소간 내적이고 주관적인 증거요, 특별히 이 증거는 주로 남자나 여자 자신에게 알려지는 증거입니다. 그리고 또 한 종류의 증거는 성질상 보다 객관적이며 다른 사람들도 볼 수 있는 증거입니다. 분명히 성령세례의 객관적 증거들은 증거와 증언의 이 모든 영역에 있어서 사활적인 중요성을 띤다고 하겠습니다.

성령세례의 객관적인 증거의 하나는 심지어 사람의 얼굴 모습에서도 볼 수가 있는데, 일종의 변화된 모습이요 하나님의 영광의 반영이라고 하겠습니다. 모세가 하나님과 오랜 시간을 보낸 후에 산에서 내려올 때에 모세의 얼굴은 빛났습니다. 마찬가지로 그리스도인들에게도 이런 것들이 있을 수 있습니다. 바울은 고린도후서 3 : 18에서 "우리가 다 수건을 벗은 얼굴로 거울을 보는 것같이 주의 영광을 보매 저와 같은 형상으로 화하여 영광으로 영광에 이르니 곧 주의 영으로 말미암음이니라"라고 말하고 있습니다.

다음으로 우리는 말에 나타나는 성령세례의 증거들에 대해서 고찰해 보고자 합니다. 가장 중요한 특징은 설교에서는 물론 평상시의 대화나 기도에서도 이러한 권능과 능력이 나타난다는 사실입니다. 아직도 저는 우리가 지금 말하고 있는 것이 오직 소수의 특별한 사람들에게만 있다고 생각하고 있는 사람들이 있다는 것을 알고 있습니다. 그러나 이러한 생각은 아주 잘못된 생각입니다. 왜냐하면 신약성경은 이러한 능력이 모든 사람에게 나타난다고 말하고 있습니다. 그리고 분명히 이것이 모든 사람에게 가능하다는 것을 우리는 명백히 해야 하겠습니다. 이 성령세례는 어떤 특수한 사람들만을 위한 것이 아닙니다. 성경 어느 곳에서도 그러한 가르침은 없습니다. "이 약속은 너희와 너희 자녀와 모든 먼 데 사람 곧 주 우리 하나님이 얼마든지 부르시는 자들에게 하신 것이라 하고"(행 2 : 39). 우리가 보아온대로 탁월하고 놀라운 사람들에게서 볼 수 있는 것과 똑같이 영광스런 체험을 알고 있는 알려지지 않은 평범한 사람들이 많이 있다는 실례를 우리는 알고 있습니다. 악마는 우리에게서 기독교 신앙의 가장 영광스러운 면을 탈 취하려고 합니다. 그러므로 우리는 전력을 다해서 함께 공부함으로써 악마로 하여금 하나님께서 우리에게 주신 것을 빼앗지 못하도록 해야 하겠습니다.

　이 성령세례의 또 다른 하나의 증거는 권위의 존재입니다. 물론 이 권위는 우리 주님께서도 목수요 그 당시 세상 사람들에 의해서 하찮은 사람으로 여겨졌음에도 불구하고 우리 주님이 말씀하셨을 때에 그들의 가슴에 충격을 주었던 것이 바로 이 권위이었습니다. 하지만 우리 주님이 말씀을 시작하자마자 그들은 즉시 그의 가르침이 서기관과 바리새인의 가르침과 전적으로 다르다는 것을 알았습니다. 그들이 말하기를 "이 사람은 서기관과 바리새인과 같지 않으며 권위를 가지고 말하고 가르친다"라고 말했으며, 그것이 바로 그의 사역에 위대한 특징이었습니다.

　그러나 하나님의 아들로 성육신하신 우리 주님 조차도 그가 요단강에서 세례 요한에게 세례를 받을 때 성령세례를 받기 전에는 그의 사역을 시작할 수 없었다는 사실을 결코 잊어서는 안됩니다. 그것이 바로 사도 요한이 이렇게 기록한 이유입니다. 세례 요한에게 말씀하시기를 "나를 보내어 물로 세례를 주라 하신 그이가 나에게 말씀하시되 성령이 내려서 누구 위에든지 머무는 것을 보거든 그가 곧 성령으로 세례를 주는 이인줄 알라"(요 1 : 33)고 하셨습니다. 그리고 여러분은 우리 주님이 그가 그 후에 자기 나사렛 고향에 돌아와서 안식일에 회당에 들어가서 하신 일을 기억하게 될 것입니다. 그에게는 두루마리 책이 읽으라고 주어졌고 그는 말씀하기 시작했습니다. 그가 읽으신 구절은 이사야 61장에서 뽑은 유명한 말씀이었는데 "주의 성령이 내게 임하셨으니 이는 가난한 자에게 복음을 전하게 하시려고 내게 기름을 부으시고." 그 기름 부으심은 요단강에서 세례를 받으실 때 성령께서 비둘기와 같은 형태로 임한 것입니다. 그리고 그 순간부터 이 권위가 나타났고 모든 사람에게 명백하게 보여졌습니다.

이 권위는 사도들의 경우에도 그들이 성령세례가 임하게 된 후 또한 명백하고도 분명한 어떤 것이었습니다. 베드로의 경우에 그 대조는 아주 뚜렷한 것입니다. 사도행전 2장에 기록된 대로 오순절 날에 행한 그의 설교를 읽어보십시오. 그러면 여러분은 그가 어떠한 권위로 말하고 가르치며 성경을 강해했는가에 대해 놀랄 것입니다. 거기에는 조금도 주저함이나 더듬거림도 없습니다. 하지만 이들은 다른 사도들과 똑같이 처음에는 부활에 관한 보고조차도 믿을 수 없었던 동일한 사람이었습니다. 누가복음 마지막 장을 읽어보시면 여러분은 일찍이 무덤으로 갔던 여인들이 돌아와서 이 제자들에게 무덤이 비었다는 사실을 알렸을 때에 그들은 이런 반응으로 이 소식을 접했습니다. "사도들은 저희 말이 허탄한 듯이 뵈어 믿지 아니하나"(눅 24 : 11). 그 사도들은 구약성경 조차도 분명히 이해하지 못했습니다. 그러나 지금은 그들중의 한 사람이 권위를 가지고 성경을 말하고 강론하는 것을 봅니다. 이것은 항상 성령세례의 결과들 중의 하나입니다.

그리고 여러분은 사도 바울의 경우에 있어서도 정확하게 동일한 것을 볼 수 있습니다. 이러한 경우는 수 많은 예가 있기 때문에 어느 것을 골라야할지 당황할 때가 있습니다. 사도 바울에 관해서는 사도행전 13장에 나오는 한 가지 예를 들어 볼까 합니다. 이 이야기는 1차 선교여행 때 구브로에서 일어난 이야기입니다. 바울이 복음을 증거하기 시작했을 때 그 섬의 총독이 그의 말을 듣고 있었습니다. 그러나 그 옆에는 박수 엘루마라는 또 한 사람이 있었습니다. 그 성의 총독인 서기오 바울은 신중한 사람이었는데 아주 잘 듣고 있었습니다. "이 박수 엘루마는 (이 이름을 번역하면 박수라) 저희를 대적하여 총독으로 믿지 못하게 힘쓰니 바울이라고 하는 사울이 성령이 충만하여 그를 주목하고"(행 13 : 8~9). 그리고 나서 그 순간에 그에게 어떤 일이 발생했습니다. 이것은 그가 항상 성령으로 충만되었다는 의미는 아닙니다. (성령의 능력충만을 의미함-역자주) 그에게 특별한 권위와 능력이 그때에 주어진 것입니다.

여러분은 이와 같은 일들이 사도행전 전체를 통해서 반복되는 것을 발견하실 것입니다. 우리는 사도들과 모인 사람들이 오순절 날에 성령으로 충만하였다는 것을 성경에서 봅니다. 그리고 사도행전 4장에서 베드로와 요한은 심문을 받고 있고 예수 그리스도의 이름으로는 전혀 말하거나 가르치지 말라고 명령을 받습니다(행 4 : 18). 죽이겠다는 협박을 받고서도 그들은 돌아가서 하나님께 기도하고 하나님은 그들에게 다시 성령을 부으셔서 그들은 다시 충만케 됩니다. 사도행전 13장의 설교에서 바울은 특별한 충만, 또 다른 성령세례를 받습니다. 즉 권위와 권능의 세례입니다. 여러분께서 사도행전 13 : 9~11을 보시기 바랍니다. "바울이라고 하는 사울이 성령이 충만하여 그를 주목하고 가로되, 모든 궤계와 악행이 가득한 자요 마귀의 자식이요 모든 의의 원수여 주의 바른 길을 굽게 하기를 그치지 아니하겠느냐 보라 이제 주의 손이 네 위에 있으니 네가 소경이 되어 얼마 동안 해를 보지 못하리라 하니 즉시 안개와 어두움이 그를 덮어 인도할 사람을 두루 구하는지라."

여러분이 보시는대로 자 여기에 권위가 있습니다. 주저함이 없이 우리는 권위가 있다는 것을 봅니다. 사도들은 알았습니다. 이 모든 사람은 언제나 알았습니다. 그들은 이 권위를 말에 가졌고 기적을 행하는 데 가졌습니다. 즉 언제나 권위가 특징이었습니다. 그리고 여러분이 연속되는 교회사를 다시 읽으시면, 여러분은 이 권위가 변함없이 이 사람들을 특징짓는 다는 것을 알게 됩니다. 여러분은 모든 부흥에서 보실 것이며 그것을 또한 위대한 개혁에서도 볼 것입니다. 마틴 루터로 하여금 홀로 서서 즉 그를 적대하는 교회의 15세기 전통에 대항할 수 있도록 한 것은 무엇이었습니까? 그로 하여금 홀로 서서 말하기를 "내가 여기 섰나이다. 나는 더 이상 아무것도 할 수 없습니다. 오! 하나님이여 나를 도우소서"라고 말한 힘은 어디서 왔습니까? 이것이 권위입니다. 그리고 이것은 성령세례를 받은 모든 사람들을 항상 특징지우는 것입니다. 그리고 이것은 공적인 선포에서 뿐만 아니라 이 동일한 확신은 이 경험을 체험한 모든 사람에게 명백한 것입니다.

이 객관적 증거라는 주제 아래 제가 언급하고자 하는 마지막 사항은 담대함과 두려움입니다. 이것은 아주 놀랄만한 일이며 특별히 사도 베드로 자신의 경우에서 명백하게 볼 수 있습니다. 베드로는 천성적으로 매우 충동적인 사람이었습니다. 그는 또한 담대함을 가지고 있었으나 그 담대함은 어느 정도 허풍선이적인 성격을 가진 자연적인 담대함이었습니다. 우리 주님이 붙잡혔을 때에 그리고 심문을 받으실 때에 한 여종이 베드로를 알아보고 말하기를 "너도 그들 가운데 한 사람이다. 당신도 이 갈릴리 사람과 함께 있었다"라고 했을 때 여러분이 아시는대로 베드로는 예수 그리스도를 부인했습니다. 그는 세 번이나 부인했습니다.

왜 그가 그렇게 했습니까? 그는 두려웠습니다. 그는 자신의 목숨을 구하기 위하여 겁장이가 되었습니다. 그는 죽임당하길 원치 않았습니다. 그래서 그는 그가 배우고 이 강력한 이적을 행한 것을 친히 보았던 주님을 부인했습니다. 그는 자신의 목숨을 구하기 위하여 주님을 부인했습니다. 그렇지만 일단 그가 성령의 세례를 받자마자 여러분은 그가 담대하게 서서 예루살렘에 있는 그 대중에게 두려움없이 담대함을 가지고 말하고 있는 것을 봅니다. 그들에게 죄를 책망하며 그들에게 말씀을 전달하며 아무도 무서워하지 않고 어떤 것도 두려워하지 않는 그를 봅니다. 얼마나 놀라운 대조입니까?

　다시 우리는 사도행전 4장에서 베드로 자신이 심문받고 있는 것을 봅니다. 성령세례를 받기 전에는 그가 그 일을 무척이나 두려워했습니다. 우리는 당국자들이 "저희를 잡으매 날이 이미 저문고로 이튿날까지 가두었으나" 하는 기사를 3절에서 봅니다. 여기 베드로와 요한이 서 있고 그들은 심문을 받고 있습니다. 그리고 다시 8절에서 여러분은 읽게 됩니다. "이에 베드로가 성령이 충만하여 가로되." 여기서 다시 또 하나의 권능의 부음이 있습니다. 그것은 특수한 어떤 것입니다. 성령님께서 다시 비상한 능력으로 그들에게 임한 것입니다. "이에 베드로가 성령이 충만하여 가로되 백성의 관원과 장로들아 만일 병인에게 행한 착한 일에 대하여 이 사람이 어떻게 구원을 얻었느냐고 오늘 우리에게 질문하면 너희와 모든 이스라엘 백성들은 알라 너희가 십자가에 못박고 하나님이 죽은 자 가운데서 살리신 나사렛 예수 그리스도의 이름으로 이 사람이 건강하게 되어 너희 앞에 섰느니라"(행 4:8~9). 얼마나 담대하며 두려움이 없습니까?

　이것이 바로 성령님께서 사람들에게 행하신 것입니다. 그리고 여러분은 그 동일한 장에서 똑같은 일을 다시 보게 됩니다. 당국자들이 다시 "그들을 불러 경계하여 도무지 예수의 이름으로 말하지도 말고 가르치지도 말라 하니 베드로와 요한이 대답하여 가로되 하나님 앞에서 너희 말 듣는 것이 하나님 말씀 듣는 것보다 옳은가 판단하라 우리는 보고 들은 것을 말하지 아니할 수 없다 하니"(행 4:18~20). 지금 이것은 분명히 성령세례의 위대한 특징 중의 하나입니다. 성령세례가 이 사람들에게 담대함과 두려움없는 용기를 주는 것입니다.
 저는 여러분에게 다른 또 하나의 예를 들려고 합니다. 사랑하는 성도 여러분! 우리가 이런 종류의 일에 기쁨을 느끼지 못한다면, 우리가 우리 자신에게 어떤 잘못이 있다는 것을 느끼지 못한다면, 또한 우리가 이런 성질에 관하여 전혀 알고 있지 못하다는 것을 느끼지 못한다면, 저는 여러분께 말씀드립니다. 우리는 거의 소망이 없습니다. 계속해서 읽어 보십시오. 그리고 베드로와 다른 사도들이 대답하여 말했습니다. 그리고 그들은 다시 법정 앞에 섰습니다. "우리가 사람보다 하나님을 순종하는 것이 마땅하니라 너희가 나무에 달아 죽인 예수를 우리 조상의 하나님이 살리시고 이스라엘로 회개케하사 죄 사함을 얻게 하시려고 그를 오른손으로 높이사 임금과 구주를 삼으셨느니라 우리는 이 일에 증인이요 하나님이 자기를 순종하는 사람들에게 주신 성령도 그러하니라 하더라"(행 5:29~32).
 이제까지는 성경에 있는 사실들을 살펴 보았습니다. 그러면 교회사에 오랜 기록들 가운데 하나님의 성도들이 이와 똑같은 담대함과 두려움 없음에 필적할 수 있는 그 어떤 것을 받은 기록이 있습니까? 우리는 유명한 예들을 알고 있는데 내 자신으로는 이 일을 매우 영광스럽게 생각하고 있으며 이 기독교 신앙의 영웅들은 왕들과 황제들과 왕자들과 세상의 위대한 자들을 향하여 하나님의 진리를 말하며 주 예수 그리스도에 관한 진리를 말한 것을 볼 수 있습니다. 초기 순교자들과 신앙고백자들에 대해서 생각해 보십시오. 네로 조차도 두려워하지 않은 이 사람들을 생각해 보십시오. 그들은 굴복될 수도 없었고 정복될 수도 없었습니다. 그들은 그들에 대하여 의연하고 꿋꿋하게 서 있었으며 원형 경기장에서 사자들에게 던지워 지면서도 하나님을 찬송하면서 마침내는 그리스도의 이름을 위하여 고난받기에 합당하게 여김 받음을 기뻐했습니다. 교회사의 시대를 거슬러서 이러한 사람들은 영광스럽게 우뚝 서서 신앙 투쟁을 했으며, 사자의 피투성이된 갈기를 두려워하지 않았으며 모든 권세와 능력도 두려워하지 않았습니다.

그러나 이 사실을 잊지맙시다. 그런 사람들 가운데는 많은 수의 평범한 보통 사람들도 있었습니다. 그레이(Gray)가 그의 '시골 교회 뜰의 노래'에서 표현한대로 '어떤 험프던(Hampden) 마을의 어떤 무명의 밀턴(Milton)'이라고 표현한대로 아무도 그들의 이름들을 모릅니다. 그러나 그들은 평범한 남자요, 여자들이었으며 이와 같이 용감히 신앙을 위해 투쟁하였으며 그들의 직업을 빼앗기는 위협을 받았으며 그들의 집에서, 그들과 조상들이 수 세기 동안 살았던 오막살이 집에서 추방당했으며 그들이 추방당한 오직 한 가지 이유는 그들이 저항자들이 되었다는 이유 뿐이었습니다. 교회의 역사는 그런 사람들의 이야기로 충만했습니다. 우리는 그들의 이름은 모르지만 그들이 평범한 사람들임을 압니다.

이 사실은 오랜 교회의 역사에서 가장 영광스런 일들 중에 하나였습니다. 담대함과 두려움이 없이 그러나 그것은 우직함이 아니라는 것을 기억하십시오. 그것은 또한 우스꽝스런 일도 아니었으며 자신들 안에 있는 소망에 관한 이유를 분명히 알 수 있었습니다. 확신과 신뢰로 말입니다. 자신들은 어떤 사람의 권세도 두려워하지 않았습니다. 그들의 충성은 하나님께 있었으며 하나님을 아는 그러한 지식과 자신에 대한 하나님의 사랑을 알았기 때문에 그들은 그 결과가 어떻든 간에 담대함과 두려움이 없이 그 복음을 선포할 준비가 되었던 것입니다.

그리고 이것은 오늘날에도 일어나고 있습니다. 지금 우리가 살고있는 이 시대에도 말입니다. 우리는 콩고에서 있었던 순교자들을 인하여 감사합니다. 그들중 많은 사람들이 이 영광스런 체험을 했습니다. 그들의 담대함과 두려움없는 태도는 다른 사람들에게 디딤돌이 되었습니다. 우리는 수 많은 실례를 들 수 있습니다. 저는 1920년대에 중국에 있는 공산당들에게서 이와 비슷한 체험을 한 친구를 알고 있습니다. 내가 사는 동안에 나는 결코 폴티우스(Porteous) 내외분에 관하여 들은 것을 잊을 수가 없습니다. 그들은 중국 국내선교회의 선교사로서 그들이 총칼을 들이대고 그들에게 죽음으로 위협하는 사람들 앞에서 그들은 그들이 죽기 전에 노래를 부를 수 있도록 요청을 했습니다. 그들의 요구는 받아들여졌고 그들은 노래를 불렀습니다. "저 요단강 건너편에 화려하게 뵈는 집 주 나를 예비하신 집일세 그 강가에 생명나무 꽃이 만발하였네 주의 낯을 그곳에서 뵈오리 주의 얼굴 뵈오리 주의 얼굴 뵈오리." 이 노래를 부르고 나자 하나님께서는 자비하시게도 그 기회를 사용하셔서 그들을 석방시키고 자유를 얻게 하신 것입니다.

그렇다면 이런 것들은 외부적 표증들의 몇 가지가 됩니다. 그리고 그것은 모든 사람에게 분명하고 명백하게 나타납니다. 저는 그것들을 각기 고찰하므로 우리 모두가 우리 자신을 살펴보고 질문할 수 있기를 바랍니다. 과연 나에게는 이런 인상을 다른 사람들에게 주는 그 무엇이 있는가? 나는 물론 위의 사람들과 같이 그리스도인입니다. 그러 저러한 영향력을 주는 다른 사람들로 하여금 이런 일들을 생각하게 하는 그런 자질들이 내게는 있는가?

이제 우리는 성령님의 사역에 관한 또 다른 구분에 이르렀습니다. 저는 의심할 것 없이 이 문제가 모든 주제가운데 가장 어려운 주제라는· 것을 고백합니다. 그렇지만 우리는 그것이 성경에 있기 때문에 정직하게 다루지 않으면 안됩니다. 그 문제는 성령세례의 결과로 나타나는 성령의 은사들에 관한 문제입니다. 그 문제는 논쟁적이기 때문에 결코 쉬운 문제가 아닙니다. 이 문제는 영적 세계에 대한 우리의 무지 때문에 종종 일어나는 어떤 고유한 난점들을 가지고 있었습니다. 그러나 이 시점에서는 두 가지 주된 이유 때문에 중요한 문제가 됩니다. 그 첫번째는 우리는 우리의 복음에 초자연적인 확증이 필요하다는 것입니다. 두번째는 원수들이 그것을 흉내내어 우리 주님의 말씀대로 택한 자까지도 미혹하려는 그 위험성을 경계하기 위해서도 중요합니다. 이것은 우리 주님께서 친히 마태복음 24 : 24에서 가르치신 교훈과 경고입니다. 그는 말씀하시기를 "거짓 그리스들과 거짓 선지자들이 일어나 큰 기적과 기사를 보이며"-곧 거짓 표적과 기사, 그들이 교묘하게 만든 거짓 기사와 표적으로- "기사를 보이며 할 수 있으면 택하신 자들도 미혹하게 하리라"고 하셨습니다.

  이 첫번째 점에 있어서 그리스도의 교회는 실패하고 있으며, 통탄스럽게도 실패하고 있다는 것이 점점 더 명백해지고 있습니다. 교리가 정통적인 것만으로는 충분치 못합니다. 물론 우리는 정통적이어야 합니다. 그렇지 않으면 우리는 말씀을 이해하지 못합니다. 사람들은 우리의 사색을 들으러 오는 것이 아닙니다. 그들 자신이 사색할 수 있습니다. 사람은 권위적인 말씀을 원하는 것입니다. 이 사실은 여러 세대를 통해서 항상 그러하였으며 우리는 사람들이 이 권위를 어떻게 인식했는가를 보아왔습니다. 우리는 권위가 필요하며, 확증이 필요합니다. 우리가 이 사실들을 지적하고 그것들을 나타내며, 논리적으로 제시하는 것만으로는 충분하지 못합니다. 그 모든 것은 필요합니다. 그러나 그것만으로는 충분하지 못합니다. 우리는 어떤 특별한 확증, 다른 말로 말해서 부흥이 필요한 시대에 살고 있는 것이 명백하지 않습니까?

  진실로 우리는 물질주의, 세속성, 무관심, 무정함, 무감각에 직면하고 있을 뿐만 아니라, 우리는 더욱 직접 혹은 간접적으로 악의 세력들이 나타나는 것에 관하여 그리고 실재에 관해서 듣고 있습니다. 이 시대에 문제가 되는 것은 죄 문제만이 아닙니다. 또한 검은 사술과 마귀 숭배와 어두움의 세력들과 마약 복용과 같은 등등의 일들이 계속해서 일어나는 것을 보고 있습니다. 이것이 바로 제가 어떤 나타남, 어떤 현실이 곧 성령의 능력의 나타남과 현시가 절실히 필요한 이유라고 믿는 것입니다.

 신약성경 안에는 아니 전 성경에서 우리는 성령세례가 어떤 은사와 동반된다고 가르침을 받고 있습니다. 베드로가 오순절날에 대해 인용한 요엘서에는 다음과 같이 예언하고 있습니다. 사도행전 2 : 17～19에 "하나님이 가라사대 말세에 내가 내 영으로 모든 육체에게 부어 주리니 너희의 자녀들은 예언할 것이요 너희의 젊은이들은 환상을 보고 너희의 늙은이들은 꿈을 꾸리라 그 때에 내가 내 영으로 내 남종과 여종들에게 부어 주리니 저희가 예언할 것이요 또 내가 위로 하늘에서는 기사와 아래로 땅에서는 징조를 베풀리니." 요엘과 다른 선지자들이 말하는 요점은 앞으로 올 시대에 주 예수 그리스도께서 오시고 오순절날에 성령이 강림하실 때에는 그 말씀을 확증해주는 어떤 비상한 것이 있을 것이라는 것입니다.

 그리고 우리가 요한복음 14장에서 보는대로 우리 주님 자신이 이 사실을 예언하셨습니다. 그는 믿지 않는 사람들과 말씀하시면서 다음과 같이 말씀했습니다. "만일 너희가 나를 믿지 못하거든 그 일을 인하여 나를 믿으라"고 하셨습니다. 주님의 이적들은 증거가 되었는데 왜냐하면 이 말을 요한복음에서는 표적들과 관계되는 용어로써 사용이 되었습니다. 그 기적들을 행하신 주된 이유는 그것들이 표적이 되어서 그가 누구신가를 말씀하는 확증이 된 것입니다.

우리 주님은 그가 다음과 같이 말씀하셨을 때 이를 더욱 명백히 하셨습니다. "내가 아버지 안에 있고 아버지께서 내 안에 계심을 믿으라 그렇지 못하겠거든 행하는 그 일을 인하여 나를 믿으라 내가 진실로 진실로 너희에게 이르노니 나를 믿는 자는 나의 하는 일을 저도 할 것이요 또한 이보다 큰 것도 하리니 이는 내가 아버지께로 감이니라"(요 14 : 11~12).

우리 주님은 끊임없이 이 논증을 사용하셨습니다. 예를 들면 세례요한이 그의 제자 중에 둘을 그에게 보내서 물었을 때에 다음과 같이 대답하셨습니다. "예수께 여짜오되 오실 그이가 당신이오니이까 우리가 다른 이를 기다리오리이까 예수께서 대답하여 가라사대 너희가 가서 듣고 보는 것을 요한에게 고하되 소경이 보며 앉은뱅이가 걸으며 문둥이가 깨끗함을 받으며 귀머거리가 들으며 죽은 자가 살아나며 가난한 자에게 복음이 전파된다 하라 누구든지 나를 인하여 실족하지 아니하는 자는 복이 있도다 하시니라"(마 11 : 3~6).

그렇다면 사도행전에 나타나는 모든 교훈을 종합해 볼 때 이 확증이 기대되었다는 것은 명백합니다. 우리가 사도행전을 보자마자 우리는 거기에 그 증거들이 풍성하게 나타나는 것을 볼 수 있습니다. 사도행전의 앞의 몇 장에서 벌써 우리는 불의 혀같은 것이 갈라지며 곧 보이는 표적과 기적들이 여러가지 모양으로 서술된 것을 보며 예언적 말씀들이 있는 것을 봅니다. 이러한 성령의 나타남은 사도행전 전체를 통해서 계속 나타나고 있습니다. 그러나 그것은 사도행전에만 국한된 것이 아니라는 사실입니다. 여러분은 똑같은 사실이 여러 서신들에서도 정확하게 동일한 것이 가르쳐지는 것을 보실 수 있습니다. 예를 들면 고린도전서 12장부터 14장 끝까지 유명한 구절들을 들 수 있습니다. 이런 장들은 전적으로 이 위대한 주제를 다루고 있는데 고린도교회에서는 여러 다른 교회에서와 같이 이러한 일들이 일어나고 있었으며 그래서 사도들은 그 상황을 다루지 아니하면 아니되었습니다.

그리고 실제로 고린도후서 12 : 12에서 사도 바울의 사도됨에 대한 문제가 어떤 사도 바울의 대적들과 중상자들에 의하여 제기되고 있는데 거기에 대하여 바울은 기록하기를 "사도의 표된 것은 내가 너희 가운데서 모든 참음과 표적과 기사와 능력을 행한 것이라"(고후 12 : 12). 사도의 사역은 이런 방법으로 확증되었습니다.

그리고 갈리디아서 3 : 2에 그는 말합니다. "내가 너희에게 다만 이것을 알려 하노니 너희가 성령을 받은 것은 율법의 행위로냐 듣고 믿음으로냐." 그리고나서 5절에 다시 말합니다. "너희에게 성령을 주시고 너희 가운데서 능력을 행하시는 이의 일이 율법의 행위에서냐 듣고 믿음에서냐." 자 여기서 사도 바울은 성령님이 믿음을 가진 사람들 위에 임했다고 말하고 있습니다. 이렇게 성령께서 신자들에게 세례의 형식으로 주어졌습니다. 그 결과 하나님께서는 성령으로 그들에게 역사하게 하셨으며 기적들이 그들가운데 나타났고 사도는 그와 동일한 논쟁을 이 점에서 하고있는 것입니다.

이제 저는 마지막으로 히브리서 2 : 3~4로부터 예를 들려고 합니다. 히브리서 저자는 복음에 관해서 말하고 있는데 이 복음은 "처음에 주로 말씀하신 바요 들은 자들이 우리에게 확증한 바니 하나님도 표적들과 기사들과 여러가지 능력과 및 자기 뜻을 따라 성령의 나눠주신 것으로써 저희와 함께 증거하셨느니라." 저는 단지 신약 시대에는 복음이 이와 같이 표적들과 기사들과 많은 성격과 여러 모양으로 기록된 기적들로 입증되었다는 것이 명백하다는 사실을 확립하려는 것 뿐입니다. 우리는 이 사실을 염두에 두지 않고서는 신약성경 곧 사도행전은 물론 서신서들도 이해할 수 없을 것입니다.

저는 어떤 의미에서라도 그리스도인이라고 불리우는 모든 사람들은 이 사실이 일어났다는 것을 믿고 받아들이는 것이 옳다고 믿습니다. 그러나 가장 중요한 문제는 이것인데 우리는 그것을 오직 초대교회에서만 그러하다고 믿는다는 것입니다. 그것은 "오직 초대교회만 그런 일이 실제로 일어나도록 의도되었는가"하는 문제입니다. 우리는 이 문제를 우리가 직면해야 하겠습니다. 말하기를 비록 그들이 그 사실 조차도 약화시켜 버리기는 하지만 "물론 나는 그 모든 증거를 받아들인다"라고 말합니다. 저는 분명히 기적적인 사실들, 불의 혀같이 갈라지는 것과 오순절날에 다른 외국어로 말한 것들과 같은 분명히 기적적인 것들을 설명해 보려고 노력한 많은 사람들을 알고 있습니다. 저는 많은 사람들이 그들이 최근에 들은 어떤 이상한 방언 등등에 관한 지식을 가지고 최대의 독창력을 발휘하여 그 사실들을 설명하려고 시도하는 것을 들은 적이 있습니다.

그러나 저는 그런 종류의 논쟁을 가지고 시간을 허비하지 않겠습니다. 저는 "물론 나는 신약성경에서 발견되는 모든 것을 받아들입니다. 또한 그것은 역사적이며 이런 일들은 실제적으로 일어났습니다. 그러나 그 사실은 실제로는 현재의 우리에게는 적용되지 않습니다. 그것들은 그 당시만을 위하여 되어진 것입니다"라고 말하는 사람들을 다루려고 합니다. 그들은 물론 이 모든 일은 믿지않는 유대인들을 확신시키기 위한 표적으로서 되었다고 말합니다. 우리 주님이 세례요한에게 말씀한 것을 예로 들어봅시다. 요한은 전형적인 유대인이었으며 우리 주님은 그에게 말하기를 "예언되었던 표적들이 일어나는 것을 보라 여기에 너의 질문에 대한 답이 있다"라고 말한 셈입니다. 이것은 그 사람들로 하여금 신약성경에 나타나는 이 모든 표적들과 기적들은 오직 유대인들에게 호소하여 그들을 확신시키기 위하여 일어났다는 것입니다.

예를 들면 어떤 저자는 말하기를 우리 주님께서 그의 가르침에 실패하셨고 그는 왕국을 세워서 유대인들로 하여금 그를 따르게 하려고 했지만 그는 그 일에 성공하지 못하고 그들이 그를 죽여 버렸기 때문에 교회란 일종의 그 대안(代案)으로 주어진 것이어서 하나님은 오순절날에 사도들에게 이 놀라운 기적을 보냄으로써 그의 최후의 노력을 하셨다고 가르치는 사람들이 있습니다. 곧 그것은 유대인들에 대한 최후의 호소라는 것입니다.

이러한 해석을 받아들인 결과로 그들이 사도행전 19장에 바울이 에베소에서 만난 제자들에게 "너희가 믿을 때에 성령을 받았느냐"하고 물었을 때에 그들은 물론 "이 사람들은 또한 분명히 유대인들이었습니다"라고 말해야 했습니다. 물론 여기에 대해서는 이러한 가정을 지지하는 말씀은 한 마디도 없었습니다. 실제로 대부분의 권위자들은 이 사람들이 거의 확실히 이집트에 있는 알렉산드리아와 어떤 관련을 가지고 있다는 것을 인정합니다. 확실히 우리가 아는대로는 아볼로와 같은 경우입니다. 그러나 그들은 주저하지 않고 독단적으로 이 사람들이 유대인들이었다고 주장합니다. 그리고 그것 때문에 그들은 그들을 확신시키기 위하여 방언의 특수한 표적이 주어졌다고 말합니다.

그 논쟁을 해결하려는 또 하나의 시도는 그러한 특수한 표적들은 그 때에 주어졌고 그러나 그것은 기독교회의 시작이었기 때문이며 말하자면 하나님께서는 교회가 진보하기 위하여 그런 비상한 일을 행했다는 논증을 제기하고 있습니다. 그들은 말하기를 구약 시대에도 엘리야와 엘리사 시대와 같은 위대한 선지사역의 초창기에 그런 종류의 일이 일어났다고 그들은 말합니다. 우리가 보는대로 그 당시에는 엘리야와 엘리사가 많은 이적들을 행했습니다. 이렇게 해석하는 사람들은 말하기를 우리는 그 일의 초창기에는 그런 종류의 일들을 기대할 수 있었지만 그렇다고 그것이 계속될 것이라고 기대해서는 안된다는 것입니다. 그것은 마치 아버지가 그의 아들에게 농장이나 일을 주어서 독립시키는 것과 같다는 것입니다. 그것은 마치 아버지가 얼마의 돈을 은행에 넣어두고 말하기를 "그것을 가지고 잘 살아라"라고 말하는 것과 같다는 것입니다. 그러나 아버지는 일단 그 아들을 자립시킨 후에는 이런 선물들을 계속 주는 것이 아니라는 것입니다. 즉 일의 초창기 때에만 주어지는 비상하고도 예외적인 일이라는 것입니다. 그래서 그들은 이런 일들은 일어났지만 그 세대의 초창기를 특징지우기 위해서만 일어났다고 주장합니다.

또 하나의 다른 논증이 있는데 그것은 이런 일들이 일어났는데, 즉 이런 표적들은 주어졌고 비상한 능력과 표적들이 나타났지만 신약성경이 완성될 때까지만 나타났다는 것입니다. 교회가 시작되었을 때에는 그리스도인들이 신약서신들을 가지고 있지 않았습니다. 그러나 우리는 그것들을 가지고 있습니다. 우리는 우리가 읽을 수 있고 연구할 수 있고 강해할 수 있고 이해할 수 있는 성경 말씀의 모든 진리를 가지고 있습니다. 초대교회는 그렇게 할 수가 없었습니다. 그래서 하나님께서는 사도들에게 계시들을 주셨고 그래서 사도들과 선지자들과 어떤 다른 사람들에게 어떤 때를 따라서 계시들을 주었습니다. 그들은 이러한 직접적인 말씀과 교훈에 의존했습니다. 그러나 일단 교회가 성경을 가지게 되자 모든 것은 더 이상 필요치 않게 되었습니다. 우리는 진리를 가지고 있기 때문에 더 이상 기적적인 것이나 초자연적인 것이 필요하지 않습니다. 이런 주장을 하는 사람들은 특별히 고린도전서 13장에 나오는 용어들 가운데서 그 입장을 논증하기를 좋아하는 것 같습니다. 어떤 저술가는 실제로 이렇게 적고 있습니다. "성경들이 완성된 후에는 이러한 초자연적 기록들이 종결됐다." 그는 이러한 독단적인 선언을 하고서 말하기를 우리가 일단 성경을 가진 후에는 그런 것들이 더 이상 필요치 않기 때문에 그런 것들은 종식되었다고 말합니다. 그들이 제시하고자 하는 논증은 다음과 같습니다. 바울이 고린도전서 13:8~10에서 말하기를 "사랑은 언제까지든지 떨어지지 아니하나 예언도 폐하고 방언도 그치고 지식도 폐하리라 우리가 부분적으로 알고 부분적으로 예언하니 온전한 것이 올 때에는 부분적으로 하던 것이 폐하리라"고 했습니다.

그들은 완전한 것이 신약성경이 주어진 것이라고 말하고 일단 신약성경이 주어진 이상 부분적인 것은 폐지될 것이라고 논증합니다. 고린도전서 13:11에 계속해서 말하기를 "내가 어렸을 때에는 말하는 것이 어린 아이와 같고 깨닫는 것이 어린 아이와 같고 생각하는 것이 어린 아이와 같다가 장성한 사람이 되어서는 어린 아이의 일을 버렸노라"고 했습니다. 즉 예언이나 방언이나 기적과 같은 것들을, "나는 어린 아이와 같은 것들을 버렸다"는 것입니다. 바울은 계속 말하기를 "이제는 거울을 통하여 희미하게 보인다. 그러나 그 때는 얼굴을 대고 볼 것이다." 그들은 주장하기를 이것이 우리가 성경을 가지게 될 때에 "이제는 내가 부분적으로 아나, 그러나 그때는 내가 주께서 나를 아신 바와 같이 알리라"고 주장합니다.

이러한 견해를 주장하는 사람들에게 있어서 이 모든 것은 성경이 오기까지는 지식도 매우 부분적이며, 사도의 능력에서 분명히 이 모든 것들이 초자연적인 나타남들도 완전한 것과 온전한 것이 올 때에는 사라져 버리는 유치한 영에게 속해 있기 때문에 신약성경이 완성되었을 때에는 모든 부분적인 것들이 사라져 버린다는 주장입니다. 여기에다가 그들은 부가적인 논증을 더해서 신약성경 자체 안에서도 이런 것들이 이미 지나가버렸다는 분명한 증거가 있다고 주장합니다. 그들은 인용하기를 바울 자신도 디모데를 고칠 수가 없어서 포도주를 사용하라고 권했으며, 드로비모는 병들어서 밀레도에 떨어뜨려 두었으며 가이오는 고침을 받지 못했으며 에바브로디도는 죽을 정도로까지 병이 들었고 주님께서 그를 불쌍히 여겨서 그를 회복시켜 주셨다는 사실을 인용합니다. 그러므로 그들은 신약성경 자체 안에서도 이런 일들이 지나가고 있다는 것을 보여 준다고 주장합니다. 오순절날에는 충만한 가운데 임했지만, 그러나 신약 시대가 지나감에 따라서 점점 사라지고 있다는 것입니다.

그리하여 그들은 마지막 결론에 이르게 되는데 그들은 최고의 확신과 독단으로 주장하기를 신약 성경이 완성된 후로는 이 모든 은사들은 전적으로 철수됐다고 주장합니다.

이상이 현세기 가운데 주로 제출된 논증의 요약입니다. 저는 이 시점에서 한 가지를 고려함으로써 여러분들에게 답하고자 합니다. 그것은 이것입니다. 성경은 결코 어느 곳에서도 이런 일들이 단지 일시적이라고 말하지 않는 것입니다. 결단코 그렇지 않습니다. 그러한 진술은 어느 곳에서도 나타나지 않습니다. 그러므로 어떤 사람들은 묻기를 "아! 그래요. 그렇다면 고린도전서 13장의 말씀은 무엇입니까?" 거기에 대해서 저는 그 장이 이 특별한 비난에 대하여 그것 자체로서 충분한 답이 된다고 생각합니다. 여러분은 그런 종류의 설명으로 무엇을 믿기를 원하는가를 보게 될 것입니다. 우리는 신약성경이 성립됨으로 해서 우리가 완전한 위치로 옮겨졌다고 그들은 말합니다. 그렇다면 여러분이 12절을 보시면 실질적으로 다음과 같이 기록된 것을 볼 수 있습니다. "우리가 이제는 거울로 본것 같이 희미하나." 여기 우리란 말은 사도와 다른 사람들을 포함합니다. 사도는 그 중에 많은 분량을 바울 자신이 친히 썼던 신약성경이 완성되기 전에 다른 그리스도인 신자들과 함께 사도를 이 문장에 포함시켰습니다. 우리는 "우리가 이제는 거울로 보는 것같이 희미하나 그러나 그 때에는—성경들이 기록되고 완성되었을 때—얼굴과 얼굴을 대하여 볼 것이요 이제는 내가 부분적으로 아나 그 때는 주께서 나를 아신 것 같이 내가 온전히 알리라." 그들은 말하기를 성경의 완성을 뜻한다는 것입니다. 그 때는 주께서 나를 아신 것같이 우리가 안다는 것입니다. 주께서 나를 아신 것같이 내가 알 것이라는 것입니다.

여러분은 그것이 무엇을 포함하는지 아십니까? 이 말은 우리 앞에 성경을 가지고 있는 여러분과 내가 사도 바울보다 하나님의 진리에 대하여 훨씬 더 안다는 것을 뜻합니다. 그 것은 바로 이 뜻이며 그 이외의 뜻이 아닙니다. 만약 그 논증이 옳다면 말입니다. 그 말은 우리가 초대교회 보다도 사도들 자신보다도 사도 바울 자신보다도 더 위대하다는 뜻이 됩니다. 그 말은 우리가 얼굴과 얼굴을 대하여 보기 때문에 하나님께서 우리를 아는 것처럼 우리가 온전히 안다는 뜻이 되며 우리가 성경을 가지고 있기 때문에 하나님이 우리를 아신 것과 같이 우리가 안다는 뜻이 됩니다. 더 이상 말할 필요조차 없습니다.

물론 고린도전서 13장에서 사도 바울이 취급하고 있는 문 제는 이 세상에서 그리스도인들이 알 수 있는 최고 최선의 것과 영원한 영광의 세계에서 그리스도인들이 아는 것과의 대조입 니다. 지금과 그 때는 성경이 기록되기 전과 후가 아닙니다. 왜냐하면 전에 말씀드린 대로 그렇게 해석을 하면, 우리를 교회의 초석이 된 사도들과 선지자들보다 전적으로 우위에 두게 되는 것입니다. 우리는 전적으로 사도들과 선지자들의 사역에만 의존해야 합니다. 그것은 일관성이 없고 상호 모순

되는 것입니다. 그러한 견해를 묘사할 말이 있다면 그것은 바로 넌센스라고 해야 할 것입니다. 그 때라는 표현은 영원한 영광의 세계를 말합니다. 우리가 주께서 우리를 아신 것처럼 알게되는 것은 바로 그 때입니다. 왜냐하면 그 때에 우리는 그가 계신 그대로 볼 것이기 때문입니다. 그 때에 우리는 직접적이고 얼굴과 얼굴을 맞대는 지식을 가질 것입니다. 사도 바울은 고린도후서 3 : 18에서 더 이상 어떤 희미한 형상이나 반영으로서가 아니라, 직접적이고 절대적이고 충만하며 완전한 지식으로 알게 될 것이라고 분명히 밝히고 있습니다.

이상의 경우에서 우리들은 그들이 좋아하지 않거나 충분히 이해하지 못하는 문제를 봉착할 때마다 그들은 그것을 자기들 나름대로 설명해 버리려는 것을 발견할 수가 있습니다. 모든 것들은 성경의 빛에 비추어서 결정되어져야 합니다. 우리는 결단코 우리 자신의 이론이나 논증에 맞추기 위하여 그것들을 짜 맞춰서는 결단코 아니됩니다. 저는 다음과 같은 진술로서 이 장을 마치려고 합니다. 성경 자체 안에서는 어느 곳에서도 이런 것들이 종식되었다고 말하지 않습니다. 그리고 더 나아가 성경이 그것을 종식지었다고 말하게 하려는 어떤 시도도 잘못된 결과에 이르게 됩니다. 우리가 이미 보아온 대로 고린도전서 13장을 잘못 해석한 경우와 같은 결론에 빠지게 됩니다.

사랑하시는 성도 여러분 이 시점에 있어서 오늘날의 교회와 세계를 살펴볼 때 오늘날의 최대의 필요는 교회안에서 그의 성령을 통하셔서 하나님께 권능을 베푸시어 우리가 성령의 권능에 대해서 증거할 뿐만 아니라 하나님의 아들이요, 사람의 아들이신 오직 한 분이시고 유일하신 구세주이신 우리 구주 예수 그리스도에게 영광과 찬양을 받으시게 하는 것입니다.

제 2 장

"성령이 그 뜻대로"

우리는 지금까지 세례 요한이 성령으로 세례를 주실 분을 선포할 때의 말씀들을 상고하고 있습니다. 선포할 때의 말에서 세례 요한은 주 예수 그리스도와 그 사역의 시대의 특징이 무엇인가를 지적하고 있습니다. 그러므로 이 문제는 모든 신약성경의 모든 교훈을 통제하는 주제라는 것을 명심해야 하겠습니다. 뿐만 아니라 우리는 기독교의 계속적인 역사를 통해서 충분하게 입증된 사실에 대하여 숙고하고자 합니다.

이 문제는 여러가지 이유 때문에 우리에게 아주 중요합니다. 첫째로 이 문제가 중요한 까닭은 기독교인으로서 우리는 우리가 살고 있는 세계의 상태와 교회의 형편에 세밀한 관심을 가져야 하기 때문입니다. 현 시대에 있어서 교회는 너무 연약하고 무능하게 되어 우리가 당면해야 할 문제가 산적되어 있어 모든 그리스도인들의 마음을 곤혹스럽게 해 주고 있기 때문입니다.

그러나 우리가 신약성경을 읽으면 위대한 능력이 초대교회 사도들과 제자들에게 주어진 것을 볼 수 있습니다.

그들이 살고 있던 세계도 우리들의 세계와 매우 비슷했습니다. 우리는 우리가 당면하고 있는 죄와 구부러진 것과 타락과 부패와 도덕적 퇴폐현상이 신약성경 시대에도 편만해 있었다는 것을 볼 수 있습니다.

그렇지만 일단의 단순하고 무식하고 배우지 못했던 남녀들이 그 세계에 심각한 영향력을 끼칠 수 있었을 뿐만 아니라 그들에게 영향을 주어 심원한 변화를 일으켰다는 사실을 발견합니다. 이 사실에 대한 설명은 그들 모두가 성령으로 세례를 받았다는데 있습니다.

세례요한이 예언했고 우리 주님 자신이 예언했던 사실이 실제적으로 그들에게 일어난 것입니다. 신약교회와 그후에 여러 세기를 통하여 이런 일들을 가능하게 했던 것은 성령의 세례로 말미암아 능력이 주어졌기 때문입니다. 우리가 살펴본대로 이 능력은 본질적으로 증거하기 위하여 주어지는 것입니다. 우리 주님은 "권능을 받고 내 증인이 되리라"(행 1:8)고 말씀하셨습니다.

성령세례의 중요한 목적은 우리로 하여금 이와 같이 증거하게 하고 복되신 주님이시요 구세주이신 예수 그리스도를 통하여 그를 힘입어 하나님과 그의 구원하는 은총을 증거하게 하기 위한 것입니다. 성령이 오신 것은 자기자신이 아니라 그리스도를 영화롭게 하기 위하여 오셨습니다. 그리고 증거의 사역은 주 예수 그리스도를 하나님의 아들로 유일하신 구세주로 주 예수 그리스도를 전하는 일입니다.

그러므로 이제 우리는 이 위대한 은사의 문제를 다루어야 할 시점에 이르렀습니다. 이 영적 은사는 성령님에 의하여 그들로 하여금 증언하게 하기 위하여 부어지는 은사인 것입니다.

이 문제는 위대한 주제일 뿐 아니라 또한 안타깝게도 논쟁적인 주제가 되어왔으므로 우리는 이 문제를 주도면밀하게 고찰해야할 필요가 있습니다. 다행한 것은 이것에 관한 교훈이 성경에 있기 때문에 우리의 임무는 성경을 알고 그것을 설명하는 일입니다.

우리는 너무 어렵거나 논쟁적이라고 해서 성경에서 가르친 것을 스쳐 지나가서는 안됩니다. 우리는 우리의 입장을 변호하거나 주장을 내세우기 위해서가 아니라, 성령안에서 그 문제를 고찰하고 주 예수를 영화롭게 하고 그를 통하여 영존하시는 아버지 하나님을 영화롭게 하기 위한 참지식에 이르러야 하겠습니다.

현금에 이르러 이 문제에 관하여 미국과 영국과 다른 많은 나라들에서 새로운 관심이 고조되고 있으므로 우리 기독교인들은 우리의 마음을 가다듬어 성경적 교훈에 비추어서 참된 깨달음에 도달하도록 노력해야 겠습니다. 지금 우리는 이 일을 하고자 노력하며 가능한한 철저하게 해보고자 시도하고 있습니다. 이 일을 하는데 있어서는 지름길이나 수월한 대답이 있을 수 없으며 설사 그렇게 한다 할지라도 결단코 만족스러운 대답을 줄 수는 없습니다. 또 그렇게 하면 언제나 설명이 미흡한 채로 남기 마련입니다. 그러므로 우리 모두 조용하게 하나님께 기도하여, 지혜의 영을 간구하여 이 어려운 문제를 깨닫게 해 주시도록 계속해서 기도하십시다. 이 문제는 제1세기의 서신서에서도 이런 태도로 다루어 졌으며 오늘날도 이러한 태도로 다루어져야만 이해할 수 있기 때문입니다.

우리는 앞서 어떤 사람들이 신약성경이 완결됨으로 은사들은 종결되었다고 믿는데 관하여 살펴보았습니다. 그들은 좀더 나아가서 교회역사가 이런 은사들이 종결되었다는 것을 명백하게 보여 준다고까지 말하며, 심지어 어떤 사람들은 독단적으로 그 이후에는 전혀 은사가 나타난 바가 없으며 신약 시대 이후로는 기적은 실제적으로 전혀 일어나지 않았다고까지 말합니다. 어떤 사람들은 더욱더 나아가 지나치게 말하기를 (최근 몇 개의 소책자들을 읽은 적이 있는데) 성령의 은사의 나타남이라고 말한 것들은 마귀적인 능력의 나타남이라고 단정해 버리기까지 합니다. 그들은 이런 사실들을 차갑게 공박해 버립니다. 기독교인들이 이러한 일들을 쓰고 출판해 내기까지 합니다.

그러나 그들은 이런 논리에 의지하여 그들의 주장을 전개합니다. 그들은 말하기를 이 모든 것은 신약교회만을 위하여 베풀어졌고, 그리고는 종결되었으므로 그 이후 나타난 초자연적 은사들로 보이는 것들은 틀림없이 마귀적이며, 모조품이며, 그런 것들은 염병처럼 멀리해야 되며 실제로 굉장히 위험스러운 일이라고까지 말합니다.

지금까지 우리는 고린도전서 13장을 잘못 해석하는 것들을 다루어 왔지만 우리는 좀더 이 사실을 분명히 하기 위하여 더욱더 고찰해야 할 필요성이 있습니다.

만약에 이런 주장을 하는 사람들이 옳고 이런 은사들이 어떤 특수한 시대만을 위하여 주어졌다는 것이 증명된다면 더 이상 할 말이 없을 것입니다. 그러나 나는 여러분들에게 사실이 그렇지 않다는 것을 보여주고자 합니다. 은사가 오직 유대인들만을 위해서 주어졌다는 논증을 다루어 봅시다. 제가 보기에는 그 문제라면 사도행전 자체만 가지고도 우리에게 충분히 대답해주며, 더군다나 서신서들은 더욱 명확한 대답을 해줍니다.

설명을 계속합시다. 사도행전은 많은 기적들이 표적으로서 이방인들에게 행해졌다는 것을 매우 분명하게 보여줍니다. 참으로 누구든지 사도행전 1장을 읽으면 다음과 같은 결론을 피할 수 없을 것입니다. 일반적으로 말해서 사도가 유대인들을 상대할 때면 "성경을 가지고서 유대인과 변론"하고 있습니다.

예를 들면 사도행전 17장에 이러한 완벽한 실례가 나타나는데, 사도 바울이 데살로니가에 도착했을 때 유대인의 회당에 들어갔습니다. 그 장면이 이렇게 기록되고 있습니다. "바울이 자기의 규례대로 저희들에게로 들어가서 세 안식일에 성경을 가지고 강론하며 뜻을 풀어 그리스도가 해를 받고 죽은 자 가운데서 다시 살아야 할 것을 증명하고 이르되 내가 너희에게 전하는 이 예수가 곧 그리스도라"(행 17:2~3).

분명히 이것이 곧 합당한 순서입니다. 여기에 구약성경을 자랑하는 유대인들이 있었습니다. 그래서 바울은 단지 그들에게 성경으로부터 "예수가 그리스도이며 그리스도는 위대한 군사적 정복자가 아니며, 도리어 그는 고난당하기 위하여 오셨으며 도살장에 끌려가는 어린양처럼 끌리워 갈 것이 예언되었다"고 증명하면 되는 것이었습니다. 사도 바울은 거의 틀림없이 유대인들의 경우에는 이런 방법으로 접근했습니다. 우리 주님 자신도 부활 후에 제자들과 이런 방식으로 접근했습니다. 그들이 십자가에 당황하고 넘어졌을 때 우리 주님은 그들에게 선지서와 모세와 시편들을 통해서 그 사실을 보여 주었습니다.

성경을 이미 가지고 잘 알고 있던 유대인들을 다룰 때는 이 방법이 가장 적절한 방법입니다. 그래서 사도는 이 방법을 실제로 사용했습니다. 그러나 우리가 이방인을 다룰 때는 이런 방법을 쓸 수 없습니다. 왜냐하면 그들은 성경을 모르고 또 그 배경도 모릅니다. 먼저 그들에게 구약성경에 관한 가르침을 준 이후에라야 이런 방법으로 접근할 수가 있는 것입니다. 그래서 우리가 발견할 수 있는 것은 사도들이 이방인 가운데 일할 때는, 많은 수의 이적들을 행한 것을 볼 수 있습니다.

이러한 실례들을 우리는 사도행전 14장에 나타난 루스드라의 앉은뱅이가 뛰고 걷는 모습에서 볼 수 있고, 사도행전 16

장에서 나타난 빌립보의 점하는 귀신들린 여종의 사건에서도 볼 수 있습니다. 그리고 사도행전 19장에서는 에베소에서의 바울의 사역을 특징짓는 가장 유명한 구절이 나옵니다. "하나님이 바울의 손으로 희한한 능을 행하게 하시니…"(행 19 : 11). 자 보십시오. 이 사건도 이방인 사회에서 일어나지 않았습니까? 그러므로 이러한 이적들은 유대인들만을 위해서 일어났다고 하는 주장은 사도행전에서 입증될 수 없는 것입니다. 오히려 그 반대로 이방인들을 위해서 일어났다고 해야 할 것입니다. 곧 이 넘치는 기적들은 성경을 모르기 때문에 그들과 변론할 수 없는 이방인들을 위해서 일어났다고 보아야 옳습니다. 그들에게는 성경의 권위가 아직 인정되지 않았기 때문에 이러한 다른 권위와 증명이 필요했습니다. 그래서 실로 다음과 같은 추가 기록이 생긴 것입니다. "심지어 사람들이 바울의 몸에서 손수건이나 앞치마를 가져다가 병든 사람에게 얹으면 그 병이 떠나고 악귀도 나가더라"(행 19 : 12). 그리고 곧 이어서 에베소 지방에 소요가 생길 정도로 큰 혼란이 야기된 원인이 되기도 했습니다.

　다음으로 이런 일들은 목회 서신이나 사도 바울의 후기 서신에는 언급조차 되지 않았다는 또 다른 주장을 검토해 보기로 합시다. 어떤 사람들은 그 은사들이 사라졌기 때문에 언급되지 않았다고 추론합니다. 그러나 이것 또한 아주 위험천만한 주장입니다. 이것이 소위 "침묵에 의한 논증"이라는 것입니다. 왜냐하면 사도는 목회서신이나 골로새서와 같은 서신에서는 고린도전서에서와 같이 은사의 문제를 다루고 있지 않기 때문에 그들은 신약의 정경의 결집이 종료되기 전에 이미 은사들은 거두어 졌다고 상상하는 것입니다.

　제가 여러분에게 한 가지 실례를 들어서 뜻하는 것을 말씀드리고자 합니다. 저는 최근에 바로 이 주제에 대하여 쓴 기사를 읽고서 사람이 얼마나 편견과 오해에 사로잡힐 수 있는가를 보았습니다. 그들은 성경을 액면 그대로 취하지 않고 성경에 없는 것을 잘못 끌어내어 주장하는 것을 볼 수 있었습니다. 그래서 몇 가지를 인용해 보겠습니다. 그들은 특별히 방언 문제를 논하면서 "사도 바울은 그 은사를 거의 언급조차 하지 않는다. 혹시 언급한다 할지라도 방언은사를 소유하고 있는 사람들의 행동을 규제하는 오용을 방지하기 위하여 언급할 뿐이다. 이것은 틀림없이 그가 방언은사를 은사목록의 최하위에 두고 독자들도 그러한 관점으로 보게하기 위함이었다." 그러면서 그는 계속해서 말하기를 "바울에게 있어서는 방언은사는 바람직한 은사라기 보다는 허용적인 은사였다." 그러나 사도 자신은 분명히 고린도전서 14장에서 말하기를 "내가 너희 모든 사람보다 방언을 더 말하므로 하나님께 감사하노라"(고전 14 : 18). 그것은 단지 허용적일 뿐만이 아니라 바람직한 것이었습니다. 그럼에도 불구하고 그 저자는 계속해서 말하기를 "고린도교회에서만 방언이 성행했던 사실에 무슨 중대성이 있느냐"라고 말하고 있습니다. 여러분이 알다시피 그는 다른 교회에서는 방언에 대한 언급이 없다고, 그곳에서는 방언현상이 일어나지 않았다고 강조하고 있습니다. 바로 이것이 "침묵에 의한 논증"입니다. 그저 막연히 추측으로 논증하는 방식입니다. 그리고 그는 계속 말하기를 "그 방언이 성행했던 고린도교회가 도덕적으로 영적으로 초대 기독교 사회에서 가장 미숙했다"고 말하고 있습니다. 그러나 그 말에 대한 아무런 증거도 없습니다. 우리는 고린도교회가 가장 미숙했다는 사실에 대한 것은 확증할 수가 없습니다. 데살로니가나 갈라디아교회들도 미성숙했다는 증거들을 우리가 볼 수 있습니다.

　이 모든 것은 추측에 불과합니다. 이것은 자기자신의 특수한 편견을 입증하기 위하여 성경에다 자기 선입주견을 가입해서 읽는 방법입니다. 그 저자는 계속해서 "나는 사도 바울이 '내가 너희 모든 사람보다 황홀한 말을 더 말하므로 하나님께 감사하노라'라고 말한 것을 알고 있습니다. 그러나 바울은 실제로 그가 방언으로 말한다고 말하지 않았습니다(고전 14 : 18). 어떤 사람은 말하기를 방언은 황홀한 말이 아니라고 합니다. 저는 방언이 황홀한 말이라고 하는 해석에 동의할 때도 있습니다만은 그러나 그것은 동일한 말로 사용되어질 수는 없습니다. 사도는 여기에서 다른 언어 대신에 황홀한 말이라는 것을 집어넣고 있는 것입니다. 그리고 그 말로 미루어볼 때 그가 방언에 커다란 비중을 두지말라고 강조한 것을 알 수 있을 뿐입니다." 그는 계속해서 "저는 너무 교리화 하는 것을 좋아하지 않습니다만 이렇게 하지 않고서는 실제적이고도 충분하게 이런 문제들을 해결할 수가 없었습니다"라고 솔직히 고백하고 있습니다.

제가 보기에는 그 사람에 대한 답변은 성경 자체에 있습니다. 우리는 성경을 그대로 취하면 됩니다. 곧 "나는 너희가 다 방언말하기를 원한다." 단지 허용적일 뿐만 아니라 바람직하다고 기록되었습니다. 다시 바울은 말하기를 "방언말하기를 금하지 말라." 또 사도 바울은 "내가 너희 모든 사람보다 방언을 더 말하므로 하나님께 감사하노라"라고 말하고 있습니다. 그는 여기서 방언에 관해서 지적으로 알고 있을 뿐만 아니라 실제적으로 경험적으로 방언을 알고 있다고 말하고 있는 것입니다.

그러므로 우리는 어떤 주장을 하기 위하여 어떤 사실을 가감해서는 안됩니다. 또 어떤 것이 기록되지 않았다고해서 어떤 사실이 없었다고 추론하는 것도 아주 위험한 일입니다. 성경의 서신서들은 특수한 목적을 가지고 기록되었습니다. 고린도

교회에서는 은사문제 때문에 큰 혼란이 있었습니다. 그래서 바울은 그 문제에 큰 비중을 두어 다루었습니다. 그러나 다른 교회에서도 은사가 고린도교회에서처럼 풍성하게 드러났지만 그 은사문제로 오해가 생기거나 문제거리가 되지 않았기 때문에 그런 문제를 취급할 필요가 없었습니다. (고전 1 : 17, 살전 5 : 19~21) 그러므로 다른 교회에서 이런 문제들이 다루어지지 않은 까닭은 아마도 은사문제가 쟁점화되지 않았기 때문일 것입니다.

  우리는 무엇보다도 이 한 가지 사실을 명심해야 하겠습니다. 성경의 서신서들은 신학의 교과서나 교회의 교리서로 쓰여지지 않았다는 사실입니다. 이것들은 어떤 특수한 상황에 대처하기 위하여 기록되었습니다. 골로새서를 예로 들어 보십시다. 그 교회에서는 철학적인 사색을 위주하는 이단들에 대한 큰 문제가 생겼습니다. 그래서 사도 바울은 그 문제를 취급한 것입니다. 사도는 교회론에 대한 완전한 논문을 쓰려고 하지 않았습니다. 사도 바울은 이곳 저곳을 여행하며 복음을 전해야 하는 바쁜 사람이었습니다. 그래서 특수한 문제가 일어날 때마다 편지를 써서 해결했습니다. 그러므로 여러분이 이 사실을 염두해 두신다면 이 모든 서신서들에 대한 새롭고도 신선한 이해를 가지게 될 것입니다. 갈라디아교회에서는 할례문제가 큰 문제로 대두되었습니다만 그것만이 유일한 문제는 아니었습니다. 제가 이미 갈라디아서 3 : 2,5에서 인용한대로 그곳에서도 기적들이 행해졌다는 것을 볼 수 있습니다. 그러나 고린도교회에서는 은사에 관한 문제가 있어서 그 문제를 다루었지만은 갈라디아교회에 관해서는 기적들에 관한 문제들은 다루지 않았습니다.

  그러므로 중요한 원리는 이것입니다. "침묵에 의한 논증위에 서서 주장하지 않도록 조심하라." 그것은 위험한 덫이 될 수 있습니다. 많은 세기를 통해서 많은 이단들이 여기에 빠졌습니다. 우리는 성경을 전체로서 취급해야하며 전에도 말씀드린 바와 같이 신약성경 기록의 모든 배경은 사도행전이라는 사실을 기억하시기 바랍니다. 우리는 우리의 교리를 서신서 위에다만 세워서는 안됩니다. 서신서들은 사도행전에 분명히 나타난 역사적 배경에 비추어서 읽혀져야 합니다.

그렇다면 또 다른 문제로 나가봅시다. 우리는 이 문제를 기적적으로 치료하지 않고 "자주 나는 병을 인하여 포도주를 조금씩 쓰라"(딤전 5:23)고 하였고 "드로비모는 병듦으로 밀레도에 두었노니"(딤후 4:20). "에바브로디도는 그리스도의 일을 위하여 죽기에 이르렀도다"라고 기록된 것을 읽을 수가 있습니다. 어떤 사람들은 이러한 기록들을 보고 "기적들은 분명히 지나가 버렸다. 만일 기적들이 지나가지 않았더라면 이 사람들은 즉각적으로 고침을 받았을 것이며 디모데에게나 다른 사람들에 대한 의학적인 충고는 불필요했을 것이다"라고 합니다.

자 이것이 그들의 주장입니다. 그러나 신약성경은 어느 곳에서도 병은 반드시 치료되어야 하며 항상 기적적으로 치료되어야 한다고 말하지 않습니다. 어떤 사람들은 이러한 은사들이 계속적이며 오늘날도 신유가 계속된다고 믿는 사람들은 심지어 기독교인들은 결코 병이 들어서는 안되며 또 언제나 기적적으로 치료되어야 한다고 주장하기까지 합니다. 그 반대의 극단적인 주장은 이런 사람들은 즉각적으로 치료되지 않았기 때문에 기적적인 치료는 이미 지나가 버렸다고 주장합니다.

그러나 이 두 주장들은 똑같이 잘못되었습니다. 그것은 그들이 어떤 그리스도인들도 병이 들었을 때 기적적으로 치유함을 받아야 한다고 신약성경에 기록되었다고 믿기 때문입니다. 그러나 신약성경은 결단코 그렇게 가르치고 있지 않습니다. 기적은 단지 이따금씩 일어나는 예외적인 일입니다.

이런 모든 문제에 대한 참된 해답은 고린도후서 12장에서 사도 자신이 진술하고 있습니다. 사도는 거기에서 육체의 가시에 대해서 취급하고 있습니다. 사도 자신도 실족할뻔 했습니다. 그는 병이 들었기 때문에 자신의 일을 계속할 수 없어서 하나님께 그 병을 제거해 달라고 기도했습니다. 그러나 병은 제거되지 않았습니다. 그는 세 번이나 끈질기게 매어 달렸습니다. 그는 수 많은 기적들을 행했고 놀라운 일들을 체험했으면서도 자신이 병들었을 때에는 그 병을 견디어야만 했습니다. 그러나 하나님은 그 이유가 무엇인가를 그에게 가르쳐 주었습니다. 그것은 곧 "육체적인 고침보다 더 중요한 것은 하나님을 아는 지식"이라는 것입니다. 그 교훈은 이러했습니다. "내 은혜가 네게 족하도다"(고후 12:9). 그는 전에는 그러한 은혜를 깨닫지 못했던 것입니다.

성경은 질병도 때로는 우리 영혼의 유익을 위하여 허용된다고 가르칩니다. 하나님은 우리의 유익을 위하여 모든 일이 일어나도록 허용하십니다. 그러나 모든 질병이 우리의 유익을 위하여 하나님이 직접적으로 허락하셨다는 의미는 아닙니다. 거기에는 제2의 원인들도 있습니다.―세상은 죄악세상이며 질병이 세상에 들어왔습니다. 내가 말하고자 하는 것은 때로는 질병이 우리의 유익을 위한다는 것도 사실이라는 것입니다. 사도 바울도 이것을 말하고 있는 셈입니다. 그의 특별한 경우에 있어서 육체의 가시는 "내가 약할 그때에 곧 강함이니라"라는 사실을 알게하기 위하여 제거되지 않았습니다.

그러므로 원리는 이것입니다. 신약성경에 어떤 사람들이 기적적으로 치료되지 않았기 때문에 기적은 사라져버렸다고 단정해서는 안된다는 것입니다. 신유를 포함해서 모든 기적들은 이따금씩 일어나는 것이며 성령님의 주권에 의하여 결정되었습니다. 기적들은 결단코 자동적으로 일어나지 않으며 모든 기독교인들이 즉각적으로 치료된 것이 아닙니다. 어떤 사람들은 치료되었지만 어떤 사람들은 치료되지 않았습니다. 이 모든 일에 있어서 하나님은 분명한 목적을 가지고 계십니다. 제가 누누히 강조한 대로 이 모든 은사들은 성령님의 주권 아래 속해 있습니다. 성령께서 시기와 방법과 장소를 결정하십니다. 우리는 결단코 요술방망이 식으로 원하는대로 기적을 일으킬 수 있다는 사고방식을 버려야 합니다. 기적은 신약성경에 보면 전혀 생소한 것이었습니다. 어떠한 특정한 경우에 능력이 주어졌을 때, 비로소 기적은 발생했습니다.

또 다시 중요한 다른 논점을 취급해 보기로 합시다. 이러한 기적들은 신약 시대에만 속하며 현재의 우리와는 무관하다는 "고등비평가"들의 주장입니다. 이것은 성경을 심판하는 자리에 서 있는 잘못된 주장입니다. 그들은 말하기를 "그래 물론이지! 기적은 일시적이었어. 지금 우리에게는 상관없는 것이야." 이 사람들은 성경을 심판하는 자리에 서서 무엇이 합당하고 무엇이 합당치 않은가를 스스로 결정합니다. 그들은 성경을 가감합니다.

다른 말로 표현해서 그들은 "고린도전서 전체는 일시적인 상황을 기록한 것이기 때문에 우리와는 상관없는 기록이다"라고 주장합니다. 그렇다면 신약교회의 모든 기록들이 일시적인 상황의 기록뿐이라는 말입니까? 신약교회는 성령이 충만한 교회였으며 기적과 표적과 기사가 일어난 교회였습니다. 우리는 히브리서 2：4과 갈라디아서 3：5에서 볼 수 있듯이 신약교회는 성령충만한 교회였으며 기사와 표적들이 일어났습니다. 모든 신약교회들이 그와 동일한 상태였습니다. 그런데 이 사람들은 주장하기를 모든 신약교회의 현상들이 우리에게는 전혀 적용될 수 없다고 말합니다. 왜냐하면 우리는 성경을 가지고 있기 때문이라고 말합니다. 그러나 그 주장은 자가당착에 빠집니다. 왜냐하면 성경 자체가 신약교회의 현상들을 취급하고 있으며 우리 모든 교회들도 동일한 문제를 체험하기 때문입니다. 그러므로 우리는 "이것은 우리에게 적용되고 저 것은 우리에게 적용되지 않는다"라고 독단적으로 주장하는 고등비평가들의 주장을 조심해야 할 것입니다.

지금까지는 순전히 성경적인 입장에서 이 문제를 다루어 왔지만 이제부터는 교회사를 살펴보기로 하십시다. 모든 기적적인 은사들과 표적의 나타남은 사도 시대 후부터 사라졌다는 주장을 취급해 보십시다. 우리는 누구라도 독단적으로 이렇게 주장해서는 안됩니다. 왜냐하면 이러한 은사들이 여러 세기동안 지속되었다는 분명한 역사적 증거가 있기 때문입니다. 이러한 기사와 이적과 은사들이 틀림없이 지속적으로 일어났다는 것을 증거해 주는 기록들이 터툴리안을 비롯하여 많은 교부들의 생활과 저술에서 발견되기 때문입니다.

그러나 이보다 더 확실하고 중요한 사실은 프로테스탄트 종교개혁 당시에도 이러한 일들이 일어났다는 사실입니다. 여러분은 혹시 죤 낙스(John Knox)의 사위인 위대한 신앙인이요 학자인 죤 웰쉬(John Welsh)의 전기를 읽어보신 적이 있습니까? 그에 관해서 많은 놀라운 일들이 기록되어 있습니다. 많은 뛰어난 역사가들이 죤 웰쉬가 프랑스 남부지방에서 피신하고 있을 때에 실제로 죽은 사람을 일으켰다고 기록하고 있습니다. 저는 그 사실을 분명히는 모르지만 역사가들로부터 전해진 증거를 여러분에게 제시하고 있을 뿐입니다. 제가 단지 말씀드리고자 하는 요점은 이런 기사 이적들이 사도 시대와 함께 끝나버렸고 결코 그러한 이적은 다시 일어나지 않았다고 주장해서는 안된다는 것입니다. 실제로 저는 결코 그렇게 믿지는 않습니다. 많은 종교개혁자들과 교부들의 기록을 살펴보면 그들 중에 어떤 사람은 실제 예언의 은사 — 장차 일어날 일을 실제로 말하는 능력을 소유한 자가 있었습니다. 스코틀랜드 계약파들 가운데 알렉산더 페덴(Alexander Peden)과 같은 사람들은 실제로 앞으로 연속적으로 일어날 일들을 문자적으로 예언했는데 그대로 성취된 것을 볼 수 있었습니다.

저는 여러분에게 분명히 말씀드리고자 합니다. 저는 우리가 살고 있는 이 세대에 가장 필요한 말은 다음과 같다고 생각합니다. "호레이쇼(Horatio)야! 이 천지 안에는 너의 철학으로는 몽상조차 할 수 없는 많은 일들이 있단다."(세익스피어의 비극 햄릿(Hamlet)에 나오는 말) 우리가 흔히 저지르기 쉬운 잘못은 성령을 소멸하는 일이며 성령의 능력에 제한을 가하는 일입니다. 여러분은 중국의 흐시(Hsi) 목사님의 전기를 읽어보신 적이 있습니까? 당신은 그 전기에 나오는 기적들 — 초대교회사에 분명히 나타난 동일한 은사들의 표현과 같은 — 을 부인할 수 있겠습니까? 여러 세기들을 통하여 이런 주제들에 대하여 쓴 책들이 많이 있습니다. 호레이스 부쉬넬(Horace Bushnell)은 지난 세기에 미국의 설교자요 신학자였는데, 이런 문제를 철저하게 취급하고 수많은 증거들을 열거하고 있습니다. 좀더 많은 증거를 살펴보시려면 스코틀랜드의 위인들을 취급한 우드로(Woodrow) 전집과 알렉산더 스멜리(Alexander Smellie)가 쓴 『언약의 사람들』을 살펴보시기 바랍니다.

저는 여러분에게 이러한 책들을 읽어보시라고 권하며 또 여러분들이 이 책을 읽으시면 미래를 예언하는 예언의 은사, 언어의 은사, 때로는 기적을 행하는 은사가 그들에게 주어졌다는 것을 발견하게 될 것입니다. 이 모든 은사들은 사도 시대와 함께 끝났고 사도 시대 이후로는 결단코 기적이 없었다고 말하는 사람은 너무도 당돌한 주장을 하고 있다는 것을 깨닫게 될 것입니다. 신약성경 어디에서도 기적적인 은사들이 사도 시대와 함께 끝났다고 주장하지 않으며, 그 이후에 교회사의 기록도 결단코 그렇게 주장하지 않습니다.

그러므로 저는 다시 한번 말씀드리거니와 그렇게 주장하는 것은 단지 성령을 소멸할 뿐입니다. 그리고 확실히 성경에서 우리가 추론할 수 있는 것은 성령님께서 초대교회를 출발시키기 위하여 은사를 주셨기 때문에, 이런 은사들은 필요할 뿐만 아니라, 교회가 침체할 때마다, 그리고 세상이 요란하며, 강력하며, 막강할 때에 더 필요하다고 하겠습니다. 참으로 이런 시대야말로 그러한 성령의 능력의 나타남은 기대해야 할 때입니다.

심지어 사도들조차도 비상한 능력의 주입이 없이는 참된 증거가 불가능했다면 우리같이 연약한 사람들이 그러한 능력 없이 어떻게 증인이 될 수 있겠습니까?

이것이 중요한 논점입니다. 지금까지 저는 잘못된 견해들을 논파하기 위하여 몇 가지 논증들을 열거했습니다. 많은 사람들은 말하기를 "당신은 이런 주제를 손대지 마십시오. 왜냐하면 기독교인들 사이에 단지 싸움과 분열만 조장하기 때문이오"라고 말합니다. 저도 사실 이런 주장에 동감하고 싶을 때가 있는 것도 사실입니다. 그러나 이러한 질책은 복음주자들에게 언제나 가해졌습니다. 마틴 루터(Martin Luther)와 청교도들(Puritans)도 동일하게 질책을 받았습니다. "왜 그들은 구분을 지어 분리할까?" 감리교도들도 동일한 질책을 받았고 복음전도자들도 동일한 질책을 받았습니다. 전 시대를 통하여 그들은 파당을 만들고 분쟁을 일으키는 분리주의자라고 비난을 받았습니다. 그렇지만 여러분이 그런 논리를 계속적으로 주장한다면 우리 모든 사람들은 로마 천주교로 돌아가야 할 것입니다. 왜냐하면 로마 천주교도들은 우리 모든 프로테스탄트 신자들에게 "잘못나간 분리된 형제들"이라고 말하고 있기 때문입니다.

그리고 또 달리 주장하는 사람들이 있습니다. 곧 이런 은사들과 관련된 사람들은 남다른 우월감을 가지고 다른 사람들을 무시하며 이런 은사나 성령세례를 받지 못한 사람들을 멸시한다고 주장합니다. 그러나 그 주장에 대한 답변은 동일합니다. 과거에 전통적인 죽은 교회들이 성령의 새로운 생명을 받은 사람들에 대하여 그렇게 비난했습니다. 옛날이나 지금이나 변함이 없습니다. 바리새인들이 우리 주님을 그렇게 비난했습니다.

지금까지 우리는 "은사들은 신약성경 시대에만 속하기 때문에 우리와는 연관이 없다"라는 주장을 취급해 왔습니다. 자, 이제부터는 그와 정반대의 입장을 취급하고자 합니다. 우리가 얼마나 정반대의 극단으로 잘 흐르기 쉬운가를 살펴보는 것은 언제나 흥미있는 일입니다.

두번째 입장은 성령의 기적적인 은사가 항상 교회에 나타나야하며 그런 은사를 소유하지 못하는 것은 믿음의 결핍이라는 주장입니다. 그들 중에 어떤 사람들은 더욱 지나쳐가서 말하기를 "우리는 이 은사들을 '요구'해야 한다. 이런 은사들은 신약교회만이 아니라 만고 만대의 교회들에게, 특별히 오늘날의 교회를 위하여도 주어졌기 때문에 믿음의 결핍만 없다면 이런 은사들을 만끽할 수 있다"고까지 주장합니다. 초대교회에서와 동일하게 이런 은사들은 항상 나타나야 한다고 주장하고 있습니다.

저는 여러분에게 이러한 입장도 역시 비성경적이며 성경자체에서 결코 입증될 수 없다고 말씀드리고 싶습니다. 성경의 가르침은 이러한 일들은 성령의 주재권이라는 관점에서 생각해야 합니다.

성령님만이 모든 것을 결정하십니다. "이 모든 일은 같은 한 성령이 행하사 그 뜻대로 각 사람에게 나누어 주시느니라."

그는 선택하는 분이십니다. 말하자면 이것은 '모든 은사들'을 모두 요구했던 고린도에 있어서 전체적인 문제였습니다. 그리고 그들의 요구에 대한 대답은 성령께서 한 사람에게는 이 은사를 또 다른 사람에게는 저 은사를 준다는 사실입니다. 은사를 주는 것은 전적으로 성령의 지배안에 있는 것입니다. 성령께서는 언제, 어떻게, 누구에게 그리고 어디에서 줄 것인지를 결정합니다.

나는 이 논증을 언제나 나에게 가장 도움이 되었던 방식으로 적용시키고자 합니다. 이것은 분명히 부흥의 문제와 같은 것입니다. 부흥의 성격을 정의(definition)한다면 부흥은 영구적인 것이 아닙니다. 부흥이란 일어났다 사라지고 일어났다 사라지는 것입니다. 교회사는 부흥의 역사를 경험했습니다. 여러분이 원할 때마다 부흥을 일으킬 수 있다고 가르친 사람들이 언제나 있습니다. 여러분 모두가 할 일은 기도하고, 어떤 일정한 일을 행하고, 그것을 주장하고 그리고 여러분이 부흥시키는 일입니다. 그러나 대답은, "여러분은 할 수 없다!"입니다. 나는 그러한 잘못에 빠진 훌륭하고, 아주 정직하고 그리고 성스러운 사람들 가운데 몇 명을 알고 있습니다. 여러분은 부흥이 일어날 때를 결정할 수 없습니다. 부흥은 언제나 성령의 주권에서 오는 것입니다. 부흥은 여러분이 가장 기대하지 않을 때 일어납니다. 부흥은 가장 가망없는 지역에서 일어나며 가장 성공할 것같지 않은 사람이 사용됩니다.

같은 원리가 성령의 은사들에게도 적용됩니다. 우리는 한

편이나 다른 편에 대해서 법률을 제정하지 말아야 합니다. 우리는 신약 시대에 대해서 '오직'이라는 말과 '항상'이라는 말을 해서는 안됩니다. 대답은 성령께서 의도하는 것으로서 '그의 뜻대로'입니다. 이것은 성령 충만을 구하기에 옳은 것입니다. -우리는 그렇게 하기를 권합니다. 그러나 성령의 은사들은 성령의 손에 맡겨진 것입니다.

마지막으로, 나는 세 가지 요점으로 여러분의 주의를 돌리고자 합니다. 첫째로, 성령의 주권에 대한 가르침에 비추어서 우리는 은사들이 성령의 주권 안에서 주어지는 것과 마찬가지로 성령의 주권 안에서 보류될 수도 있다는 사실을 추론할 수 있는 자격이 있습니다. 성령께서는 은사들을 주는 것과 마찬가지로 은사들을 보류할 수도 있습니다. 우리는 이것이 주권에 대한 이러한 전체적인 개념의 본질적인 부분이라는 사실을 결코 잊어서는 안됩니다.

둘째로, 우리는 결코 '요구'라는 말을 사용해서는 안됩니다. 요구는 주권과 상반되는 것입니다. 사람들은 "이 은사를 요구하고, 치유를 요구한다"고 말합니다. 여러분은 치유를 요구할 수 없습니다. 바울은 세 차례나 치유를 요구했지만 치유를 받지 못했습니다. 결코 요구하지 마십시오. 심지어 요구란 말조차 사용하지 마십시오. 우리는 우리 자신을 복종시킵니다. -성령은 주시는 분입니다. 은사들을 요구하거나 심지어 성령세례를 요구하는 것은 분명히 신약성경이 강조하는 모든 것과 상반되는 것입니다. 성령은 주님이시며 은사들을 지배하고 주십니다. 여러분은 탄원할 수는 있습니다. 그러나 결코 요구해서는 안됩니다.

그 다음 셋째로, 변화는 내가 이미 여러분에게 보여준 것처럼 신약에서 분명하게 나타났습니다. 변화는 심지어 사도들이 변화되기를 기대하였을 때라도 항상 일어난 것은 아닙니다. 변화는 오로지 성령의 주권의 영역에서만 설명되었습니다. 이것은 부흥의 역사에 의해서 뒷받침되고 입증되었습니다. 일반적으로 어떤 새로운 일을 시작하는데 있어서 어떤 이상한 일이 일어난다는 사실은 나에게 아주 분명한 증거처럼 보입니다. 나는 종교개혁의 시대와 중국에서의 선교 사역 시작 등에 대해서 언급한 바 있습니다. 이상한 일이 발생한 것은 성령의 주권론과 전적으로 일치하는 것입니다.

그러나 나는 또한 이렇게 말하고자 합니다—그것은 아주 자주 잊어버렸던 일입니다. 우리는 다음과 같이 말하는 사람들의 논증을 주목했습니다. "이러한 일들은 사도 시대에서 끝났습니다. 여러분은 이러한 일들을 교회사에서 계속해서 얻을 수 없으므로 이것들은 계속되는 것을 의미하는 것이 아닙니다." 그러나 이 문제에 대한 또 다른 아주 중요한 면이 있습니다. 여러분이 5~6세기의 교회사를 읽은 것처럼 여러분이 이러한 초자연적인 능력들을 점점 더 적게 발견하는 것은 역사적인 사실입니다. 그리고 "왜 그런가?"라는 필연적인 질문이 야기됩니다. 이 사람들은 다음과 같이 가정합니다. "분명히, 초자연적인 능력들은 끝났으며 그것들은 계속되지 않는다." 나는 여러분에게 교회 자체의 역사에 대해 일어났던 일속에 가장 좋은 대답이 있다는 사실을 말해 드립니다. 2세기에 있어서 교회는, 교회가 헬라인들 사이에 점점 퍼졌던 것처럼 교회의 복음이 학문적이고 철학적인 방식으로 존재하기를 원하였습니다. 복음이 헬라 철학이나 로마의 법과 상반되지 않는다는 사실을 보여 주고자 했던 변증가들이라 불리는 사람들이 있었습니다. 그들은 박해와 오해들 때문에 아주 폭넓게 그 일을 행했습니다. 비록 그들이 선한 동기로 출발

했지만 그들은 복음을 '이성적인' 철학에로 선회시키므로 사실상 성령을 소멸시켰습니다.

설상가상으로 콘스탄틴 황제는 그의 '지혜'로 그리스도인이 되기를 결심하였으며 로마제국을 그리스도교로 이끌었습니다. 교회는 모든 것이 관리되는 하나의 기관이 되었습니다. 고등 군주정치 조직의 한 종류가 생겼으며 대주교들은 그것을 도입하였습니다. 다른 말로 하자면, 3세기 말이나 4세기의 교회는 신약의 교회와 간단히 동일시 될 수 없다는 사실입니다. 이것은 하나님께서 은사들을 거두어 들였기 때문이 아니라 인간이 교회를 맡았기 때문이며 성령께서 기회를 주지 않았기 때문이 아니라 성령이 소멸되었기 때문입니다. 때를 맞춰 제도상의 교회가 중세의 로마 가톨릭 교회에 응해서 생겨났습니다.

아주 흥미있는 일은 엉터리 교회는 언제나 엉터리 기적을 연출한다는 사실입니다. 그들은 신약성경의 은사들을 부정하지만 그들은 일반적으로 동정녀 마리아로 말미암아 엉터리 기적들을 연출합니다. 우리가 얼마나 타락하기가 쉽습니까? 우리는 "만일 여러분이 여러분의 역사를 읽는다면, 여러분은 이러한 초자연적인 은사들이 몇 세기 동안 일어나지 않았다는 사실을 발견할 것입니다"라고 말합니다. 그러나 우리는 "왜 그 은사들이 발생하지 않았습니까?"라고 묻지 않습니다. 만일 묻는다면 우리는 틀린 대답을 합니다. 이 말은 하나님께서 은사들을 거두어 버렸다는 사실을 말하는 것이 아니라, 교회가 자신의 '지혜'와 영리함으로 제도화되어 버렸으며, 성령을 소멸시키고 그리고 성령의 능력의 표시들을 거의 불가능하게 만들어 버렸음을 말하는 것입니다.

그러므로 나의 마지막 결론은 이것입니다. 성령의 주권 안에서 이러한 일들은 언제나 가능하다는 사실입니다. 언제나 가능합니다! 나는 그 이상 말하지 않겠습니다. 이것은 모든 요구가 옳다는 것을 의미하지 않습니다. 내가 성경의 가르침을 기초로 하고 교회사를 덧붙여 논증하는 모든 것은, 성령의 능력의 표시들은 언제나 가능하다는 사실입니다. 성령의 능력의 표시들은 특별히 타락의 시대에 필요했으며, 이것들은 대개 하나님의 성령에 대한 어떤 새로운 사역을 특징지었습니다.

여러분은 "성령의 능력은 오직 신약의 교회에서만 일어났다"라고 말해서는 안됩니다. 또한 "성령의 능력의 표시들이 항상 그것들의 충만함으로 존재할 것이다"라고 말해서도 안됩니다. 이 두 가지 견해는 모두 틀린 것입니다. 그러나 성령의 능력은 언제나 가능합니다! 그러므로 우리는 부흥되기를 요구하는 어떤 것이나 또는 이러한 은사들에 대한 새로운 수여와 직면하였을 때, 우리는 그것을 힘주어서 거부해서는 안되며 그것을 조사하고 시험해야만 합니다. 우리는 가짜들에 대한 무서운 위험 때문에 이와 같이 시험하라고 성경에서 권고할 뿐만 아니라, 또한 우리가 이 시험을 어떻게 행하였나를 말씀하시고 가르쳐 주신 것을 하나님께 감사드립시다.

제 3 장

영들을 시험함

　우리가 성령의 은사들을 고려하고 있는 이때에, 저는 역사적인 증거 즉, 교회사와 특별히 부흥의 역사를 살펴봄으로 결론을 간략하게 보충하고자 합니다.
　종교의 부흥은 교회에 대한 성령의 부어주심과 오순절에 일어났던 것의 반복일 따름입니다. 바꾸어 말하면 부흥이란 여러 사람들이 동시에 성령세례를 받는 것입니다. 여러분은 최선을 다해 기독교인의 삶을 살았던 성도들에 대하여 읽거나 들었을 것입니다. 그들은 성경의 조명에 비추어 자신을 살펴봄으로 그들의 구원에 대해 확신을 가졌습니다. 또한 그들이 '아바 아버지'라 부를 수 있는가를 평가하여 진정으로 성령을 그들의 마음에 소유했다는 것을 깨달았습니다. 그런데 갑자기 하나님의 영이 그들에게 임하셨습니다. 갑자기 그들은 새로운 충만과 새로운 수준에 도달하였습니다. 그들이 전에는 전혀 가지지 못했던 확신으로 가득찼으며 놀라운 지식과 총명으로 모든 것을 이해하게 되었습니다.
　제가 여러분에게 제시하고 있는 것은 부흥인데, 거기에는 언제나 성령의 임재를 체험하는 확실한 현상들이 존재했다는 것입니다. 우리가 상술할 필요는 없으나, 거기에는 이러한 새로운 권능과 예언적 은사의 일종이 주어졌습니다. 그런데 수세기에 걸친 교회의 위대한 부흥운동에서 방언과 이적의 증거와 같은 특별한 은사들이라고 알려져 있는 것들은 많지 않았다는 것이 흥미롭습니다.

이것이 저에게는 가장 중요합니다. 제가 그러한 은사들이 전부 부재하다는 것이 아니라, 그것들이 흔치않고 특별하다는 것입니다. 예를 들자면, 저는 1859년 북 아일랜드(Northern Ireland)와 1857년 미국과 다른 나라들 그리고 18세기 영국에서 일어난 대 복음적 부흥 운동을 들 수 있습니다. 이것들은 의심할 것없이 부흥이었습니다. 그런데 거기에는 기적이라 말하는 것들은 거의 없었으며, 특별히 방언과 예언의 은사는 전혀 없었습니다. 이러한 것들은 매우 잘 증명되고 확증된 단순한 사실들입니다.

왜 제가 이것을 중시하겠습니까? 저에게 있어서, 바로 이것이 핵심적인 문제이기 때문입니다. 이것은 진정으로 이 설교 전체에서 계속된 저의 주된 목표입니다. 저에게는 성경 자체의 가르침과 교회사의 증거는 성령세례란 반드시 특별한 은사들을 동반하지 않는다는 것을 증명하는 것으로 보입니다.

현재의 논쟁에 관심이 있는 사람들은 이 진술의 중요성을 이해할 것입니다. 지금까지 수년 동안 지속되어 온 것처럼 오늘날 성령세례는 항상 어떤 특별한 은사들을 동반한다고 주장하는 사람들이 있습니다. 이에 대한 성경적인 답변은 저에게 있어서, 항상 그렇지는 않다고 봅니다. 여러분이 방언이나, 기적이나, 그 밖의 다양한 은사들이 없이도 성령의 능력있는 세례와 성령세례를 받을 수 있습니다. 아무도 웨슬리(Wesley)형제들과 횟필드(Whitefield)와 같은 사람들이 성령세례를 받은 사실에 대해 논쟁하지는 않습니다. 그런데 그들과 관련하여 이러한 일들은 아무것도 일어나지 않았습니다.

제가 느끼기에는 이것이 모든 중요한 원리를 증명하는 것이기에, 여러분은 성령세례 자체와 성령세례에 동반하는 특별하고 부수적인 것을 구별해야 합니다. 우리는 우리의 마음속에 이것들에 대한 구분을 가지고 있어야 합니다. 저는 저의 초기의 설교집『성령세례』(*Joy Unspeakable*)에서 이미 사람들이 성령세례와 성화 사이를 혼동하는 것에 관심을 기울였습니다. 그것은 우리를 매우 혼란스럽게 하지만 이 성령세례와 은사의 관계도 역시 동일한 혼란을 가져옵니다. 저는 이것을 가장 간명하게 제시하고자 합니다. 성령세례 자체는 큰 권능 가운데 주어지나 이러한 은사들은 어떤 것도 그렇게 확실하게 나타나지 않습니다.

이것은 물론 성령의 주권적 사역에 기인합니다. 성령은 때로 은사들을 주시기도 하고 주시지 않기도 하십니다. 그러므로 우리는 이에 순종해야 하며 이를 대비해야 합니다. 우리는 이러한 은사들이 발생하지 않는다거나, 언제나 일어난다고 말해서는 안됩니다. 교회사에 의해 입증된 성경적 견해는 이것들이 일어날 수도 그렇지 않을 수도 있다는 것입니다. 그러므로 우리는 한편에서나 또 다른편 입장에서 교리적인 견해를 주장해서는 안됩니다. 이제 주된 결론이 세워졌습니다. 은사의 문제는 전적으로 성령의 주권에 달려 있으며 하나님의 영이 주권 가운데 결정하시는 그 어떤 것에도 우리의 마음과 가슴을 열어야 한다는 것입니다.

우리가 성령세례에 관한 진리 가운데 거하는 것은 매우 중요합니다. 그 한 가지 이유는 우리가 살고 있는 세계와 교회의 상황에 달려 있습니다. 사랑하는 형제여, 여러분이 기독교 교회에서 성령의 권능의 필요성보다 다른 것에 관심을 기울인다면 저는 여러분의 신앙을 의심합니다. 이 시대는 성령의 권위와 능력으로 진리를 선포하는 것보다 필요한 것은 없으며 오직 성령세례만이 교회가 이 일을 할 수 있도록 합니다. 이것은 모든 시대에, 하나님의 뜻입니다. 오늘날에 우리가 성령세례의 교리와 — 만일 여러분이 성령세례를 집단적으로 받는다면 — 종교부흥에 대해 분명히 깨닫는 것은 가장 중요한 일입니다.

많은 사람들이 은사를 거부하기 때문에 성령세례의 교리를 부인하곤 하는데 이 은사의 문제는 성령세례에 포함되어 있으므로 우리는 이것을 살펴보아야 합니다. 다른 이들은 확증할 수도 없는 완전한 성화에 대한 의무를 느끼기에 즉 말하자면, 성화와 세례의 잘못된 일치로 인하여 성령세례를 반대합니다. 우리는 개인들과 전체 교회에 임한 성령의 능력에 관심을 가져야 합니다. 우리가 이것에 대해 분명히 알려면 은사의 문제를 살펴보아야 합니다. 만일 성령이 이것을 주려고 결정하셨다면 분명히 진리에 대한 놀라운 증거가 됩니다. 그런데 이것은 그의 주권 아래 유지되며 우리는 우리 자신의 어떤 법칙도 세워서는 안됩니다. 그런데 우리는 교회에서 재현되거나 부흥되어야 한다고 주장하는 그러한 은사들이 과연 모두 필요하다고 여겨야 할까요? 이것은 절박하고 긴급하며 실제적인 문제입니다. 우리는 열려져 있습니다. 우리는 더이상 성경적 가르침에 대하여 잘못 이해하고 있는 가능성에 관하여 우리의 마음을 닫지 않습니다. 우리는 성경적 가르침을 확신하고 있습니다.

그런데 우리는 불현듯 은사의 출현에 대한 소식을 듣습니다. 우리는 그것을 성령의 나타남과 은사라고 즉시 받아들여야 할까요?

이 점에 있어서 우리가 접하는 두 가지 주된 위험이 있습니다. 첫째는 성령을 소멸하는 것입니다. 저는 이것이 둘 중에 더 일반적이라 믿기에 첫번째로 제시합니다. 어떤 이들은 자신에게 전해진 어떤 것도 스스로 경시합니다. 그들의 마음의 선입관과 그들의 모든 편견이 이것을 거부하는 것입니다. 역사는 교회의 진실한 부흥이나 성령세례를 받았던 사람들의 개인적인 사역에 대한 최대의 적은 거의 일괄적으로 교회 자체에서 나왔다는 것을 증명해 줍니다. 이것은 놀랍고 굉장한 진리이며 모두가 성령을 소멸하는 것에 기인한 것입니다. 로마 가톨릭 교회는 바로 이러한 이유로 인하여 개혁가들을 박해했습니다. 아! 슬프게도, 개신교는 자신의 차례에 하나님의 영이 임한 사람들을 때로 박해하곤 했습니다.

왜 그렇습니까? 그러한 위험은 교조주의(Institutionalism)와 예법과 질서와 치장, 그리고 규제되고 정해진 모든 것에 의한 의식들을 선호하는 데서 나옵니다. 그래서 만일 다른 어떤 것이 발생한다면 그것을 언짢게 여기며 혐오합니다. 복음 내에서 개인적인 강조에 따르는 반대 역시 동일합니다. 저는 여러 곳에서 빅토리아(Victoria)여왕의 초대 수상인, 멜번경(Lord Melbourne, 卿)의 명언을 인용 했습니다. 그는 "종교가 개인적인 것이 되려 한다면 모든 일들이 아름답게 될 것이다"라고 말했습니다. 이것은 얼마나 모범적인 말인지요! 우리는 우리 자신과 다른 어떤이도 혼란스럽게 하지않는 엄숙한 종교를 바랍니다. 그같은 생각은 매우 꼴사나운 것이며 거기에는 성령의 해방과 자유란 전혀 없습니다. 성령의 부어주심이 위대한 사역의 정확하고 기계적인 인습을 전복하는 것이라 생각할 수 있다니! 그런 일은 감히 생각조차 할 수 없습니다! 그것은 성령을 소멸하는 것이기에 우리는 사도가 "성령을 소멸치 말라"고 말한 것을 깨닫게 됩니다.

의심할 것없이 개인의 기질이 이것을 가져옵니다. 어떤 이들은 질서나 규율이나 예법이나 그외의 것들을 좋아하는 기질을 지니고 있습니다. 그리고 그들은 그런 것들을 고수합니다. 그들의 위험은 성령을 소멸하는 것이며 그것은 실제로 대단히 위험합니다. 그래서 많은 이들이 교회에서 특별한 어떤 것에 관해 듣는 순간, 그것을 비난합니다. 그들에게는 특별한 어떤 것이란 있을 수 없습니다. "우리는 이전에 그와 같은 일을 들은 적이 없습니다"라고 그들은 말합니다. 이것이 언제나 부흥을 반대해 왔던 이유입니다. 이것이 성도들이 일상적이며 단조롭고 평범하며 죽은 것을 선호하는 사람들에 의해서 박해를 받은 진정한 이유입니다. 다른 이들과 마찬가지로 전통적인 사람들에게도 적용된다는 것을 기억하십시오. 여러분은 죽은 형식 뿐 아니라, 죽은 전통을 가지고 있을 수 있습니다. 다수가 직면하는 큰 위험은 성령을 훼방하고 소멸하는 것이며 그에 의해 성령의 주권에 대항하게 되는 것입니다.

또 한 가지 다른 위험은 정확히 그 반대이며 한 극단과 또 다른 것을 선호하는 방식을 살펴보는 것은 흥미롭습니다. 이것의 위험은 모든 것을 무비판적으로 수용하는 것입니다. 역시 기질이 이것을 가져옵니다. 어떤 이들은 쉽게 모든 것을 믿어 버리곤 합니다. 교회사를 읽을 때 하나님의 위대한 종이었던 이들에게 이러한 성향이 발견되는 것은 흥미롭습니다. 특별한 것—이들은 그것을 추구하는데—에 대해 항상 갈망하는 사람들이 있습니다. 우리들 각자는 우리들 자신을 알아야만 합니다. 우리 모두는 어떤 약점과 성향을 지니고 있으며, 우리는 그것들을 찾아내야 합니다. "너 자신을 알라!"는 것은 세상에서 가장 어려운 것입니다. 우리는 우리의 천성적인 기질이 편견이 되지 않기 위하여, 하나님을 대적하는 자로 발견되지 않기 위하여 우리 자신을 경계해야만 합니다.

이러한 무비판적인 수용은 때로 두려운 마음의 결과로 나타납니다. 여러분은 첫번째 사람들이 성령을 소멸하는 것을 전혀 두려워하지 않는 것을 보았습니다. 그들은 그들의 고정된 이론으로 그것과 다른 모든 것들을 비난합니다. 그런데 이와 또 다른 유형은 성령을 소멸하는 것을 매우 두려워합니다. 이것이 "두려운 마음"이 되며 이것이 그들의 비판적 능력을 파괴해 버립니다. 그 결과 그들은 어떤 것이라도 믿을 만한 준비를 갖추고 있습니다. 그들은 하나님의 사역을 훼방하는 것을 너무나 두려워해서 그들이 지나치지 말아야 할 것을 지나쳐 버립니다.

물론 이것은 성경이 거짓된 열정이라 불렀던 것이며, 항상 광신주의(fanaticism)로 이끌었던 것입니다. 여기서 다시금 성경이 우리에게 위대한 가르침을 줄 뿐 아니라 교회사 역시 성령과 유사한 다른 영이나 광신 혹은, 열광주의의 위험에 대하여 확증하고 있다는 것을 말씀드립니다. 광신주의는 항상 비난을 받았으며 그것은 교회의 생명에 치명적인 피해를 가져옵니다. 심지어 성령의 외적인 나타남의 은사라고 불리우는 것들에 대한 무비판적 수용이 극단적인 것으로 나타나기 쉽습니다. 교회의 부흥의 역사에 대해서 읽었던 사람은 누구나, 이것의 위험과 거짓된 강조와 균형의 결핍, 그리고 명백하게 고린도교회에서 일어났던 것과 같은 종류의 위험을 잘 알 것입니다. 따라서 위대한 사도가 주의를 기울였던 그 부분의 말씀이 필연적으로 오늘 이 시대에도 요청되고 있습니다.

이제 우리는 두번째의 큰 원리를 계속해서 살펴보려 합니다. 왜 우리는 성령의 능력의 나타남이라 주장하는 모든 것들을 무비판적으로 받아들여서는 안됩니까? 그 답으로 우선적으로 가장 중요한 것은 성경 자체가 우리에게 우리 앞에 놓여있는 모든 것을 무비판적으로 받아들이지 말라고 경고하기 때문입니다. 이것은 아주 단순하게 마귀와 같은 존재와 인격이 있기 때문이며 악령들, 추악하고 해로운 영들과 같은 실체들이 있기 때문입니다. 여러분은 사도가 에베소서 6 : 12에서 말씀하신 "우리의 씨름은 혈과 육에 대한 것이 아니요 정사와 권세와 이 어두움의 세상 주관자들과 하늘에 있는 악의 영들에게 대함이라"는 위대한 말씀을 기억하고 있습니다. 이 문제의 근거는 우리가 영적인 영역 즉, 영적 환경 내에서 살고 있다는 것입니다. 이 세계는 단지 물질적인 것만은 아닙니다. 물질적인 것의 주위에는 영적인 영역들이 있으며, 하나님과 모든 거룩한 것을 대적하는 사악하고 해로운 영들과 권세들이 있습니다. 이것이야말로 "삼위" 하나님을 그것들과 대조적으로 "거룩한 영"(Holy Spirit)이라고 부르는 진정한 이유입니다.

만일 우리가 이러한 두 가지 종류의 영적인 능력들과 권세들이 있다는 것을 인식하려고 않는다면 우리는 반드시 재난에 **빠**지게 될 것입니다. 성경은 이러한 사악한 권세들과 영들이 항상 존재하며 그들은 놀라운 권능을 가지고 있다고 가르치기 때문입니다. 우리는 이것을 심지어 구약성경에서도 찾아 볼 수 있습니다. 여러분은 하나님의 종 모세가 그의 지도력이 하나님에게서 온 것을 입증하기 위하여 어떻게 권능을 받았는가를 기억하실 것입니다. 그는 이스라엘의 자손들을 구출하기 위해 보냄을 받지만 모세는 어려움을 예견하였습니다. 그는 실제적으로 내가 가서 이 일을 그들에게 말하면, 그들은 나를 향하여 "너는 누구이며, 왜 우리가 너의 말을 들어야 하느냐? 너는 우리가 큰 위험에 **빠**지도록 요구하고 있다"라고 말할 것입니다. 하나님께서 그에게 이르시길, "좋아 그러면 내가 너에게 이르리라 …내가 너에게 할 말을 이르리라… 스스로 있는 자가 나를 보냈다고 말하라." 그러나 하나님께서는 이외에도 "네가 네 손에 가지고 있는 지팡이를 보라 내가 너로 그것을 통하여 이 일을 행할 수 있도록 하리라." 그러나 여러분이 기억하는 것처럼, 그것만으로는 충분치 않습니다. 왜냐하면 애굽의 술객들이 모세가 행하였던 많은 이적들을 반복하고 흉내낼 수 있었기 때문입니다. 사도 바울이 디모데후서에서 이 술객들을 언급하고 그들을 그 당시의 거짓 교사들과 비교하고 있습니다. 바울은 "얀네와 얌브레가 모세를 대적한 것같이 저희도 진리를 대적하니 이 사람들은 그 마음이 부패한 자요 믿음에 관하여는 버리운 자들이라"고 말합니다(딤후 3:8). 우리는 구약성경에서 바로 이러한 일들의 수많은 예들을 지니고 있습니다.

그러므로 불행하게도 많은 것들이 어떤 이들이 생각하는 것처럼 그리 단순하지는 않습니다. 우리는 성령 뿐 아니라, 이러한 악령들로부터 항상 둘러싸여 있으며 그들의 한 가지 목적은 하나님의 사역을 파괴시키는 것입니다. 그리스도인들을 특별히 가장 영적인 사람들을 혼란시키는 것보다 그가 시급히 하려고 준비하는 것은 없습니다. 마귀가 교회사에 가져왔던 피해는 생각만 해도 섬짓합니다. 이것을 인하여 성경은 우리에게 마귀에 대하여 역사적 사실과 그 교훈을 줄 뿐 아니라, 가능한 한 우리에게 "영들을 시험하라", "영들을 분별하라"라고 말씀하십니다. 요한일서 4:1에서 요한은 "영들이 하나님에게 속하였나 시험하라"고 말하고 있습니다. 그가 제시하는 것처럼 모든 영들을 다 믿지 말고 오직 그들이 하나님에게 속하였는지 세상에 속하였는지 분별하고 시험하라는 것은 우리에게 매우 실제적인 권고입니다. 우리는, 그러므로 전해지는 모든 것을 받아들여서는 안됩니다. 절대로, 성경은 우리에게 우리의 비판적인 능력을 행사할 것과 그들을 분별하고 시험할 것을 말하고 있습니다.

데살로니가 교회에 대한 편지에서 바울은 "범사에 헤아려 (Prive) 좋은 것을 취하고"(살전 5:21)라고 말합니다. 그 본문의 상황을 이해하시겠습니까? 그는 "성령을 소멸치 말며"라는 구절로 말하기를 시작합니다. 이는 앞서 말한 첫번째 그룹에 대한 책망을 의미합니다. 그와 같이 행하고 있는 자들이 있으나, 너희들은 그래서는 안된다고 바울은 말하고 있습니다. 그런데 그는 "범사에 헤아리라"고 말하여 또 다른 극단에 빠지지 않도록 하고 있습니다. 왜냐하면 제가 여러분들에게 성령을 소멸하지 말며 예언을 멸시하지 말라고 했으므로 무비판적으로 되지 마십시오. 절대적으로 행동하지 말며 단순히 "좋아요. 저는 모든 것을 믿으렵니다"라고 말하지 마십시오. 범사에 헤아려 단지 좋은 것만을 취하십시오. 여러분은 많은 것을 거부해야만 할 것입니다. 그러나 "좋은 것을 취하십시오." 이제 할 수 있는 한 모든 것이 분명해졌습니다.

저는 이와 같이 이것을 제시함으로써 요점을 정리하려 합니다. 고린도 교회의 문제는 사도가 교회에게 행하라고 훈계한 바로 이러한 것을 행하지 아니했기 때문입니다. 그들이 이러한 매우 중요한 교훈을 배우지 않아서 영적인 일들에 대해 혼란을 일으켰습니다.

성경에 덧붙여 우리는 정확히 동일한 교훈을 교회사로부터 얻을 수 있습니다. ─여러분은 제가 계속하여 이 두 가지를 함께 제시하고 있는 것을 알 것입니다. 우리는 그렇게 해야만 합니다. 교회는 하나입니다. 교회는 하나님의 교회이며 본질적으로 수세기를 지내온 동안 동일합니다. 거기에는 현저한 일관성이 있으며 성경에서 가르쳤던 원리들은 교회사에서도 제출되었습니다. 우리가 육체 가운데 있기에, 우리는 예증과 설명의 도움을 받아야 하며 그러므로 역사는 매우 중요한 가치를 지니고 있습니다.

저는 저 자신의 사적인 생활과 사역에서 더욱 큰 가치를 지니고 있는 성경을 읽는 것 다음으로 교회사를 끊임없이 읽는 것보다 중요한 일은 없다는 것을 잘 알고 있습니다. 저는 하나님께서 역사 안에서 이러한 일들을 예증하신 방식에 대하여 더욱 감사를 드리고 있습니다. 이것은 저를 올무에서 구하였으며 저에게 길을 보여 주었습니다.

그러므로 우리가 역사를 돌아보면 우리는 교회사의 초기에 바로 이러한 문제들로 인하여 일어났던 큰 어려움을 발견하게 됩니다. 이것은 매우 어려운 논제입니다. 2세기 중반경에 몬타누스주의(Montanism)라 불리운 운동이 있었습니다. 저는 수없이 필요에 따라, 몬타누스주의자가 잘못 평가되었다고 믿기에, 이 운동에 대하여 주의를 기울이기를 원합니다. 제도적 교회는 이를 거부했습니다. 교회는 교조주의적으로 되는 경향이 있었으며 몬타누스주의자들은 삶과 권능에 관심이 있었기 때문입니다. 그러나 의심할 것없이 몬타누스주의자들은 지나친 점이 있었습니다. 그들은 여자는 교회에서 가르칠 수 없다는 것과 같은 분명한 성경적 원리들을 어겼으며, 이것은 그들이 어느 정도는 본질에서 벗어났다는 것을 보여줍니다. 이 사실과 더불어 동시에 명백히 극단적인 것들이 있었습니다.

이제 여러분이 수세기를 계속해서 거슬러 내려오면 여러분들은 로마 가톨릭 교회가 거의 끊임없이 기적들을 보고하고 있는 것을 보게 됩니다. 그들은 4세기에서부터 이렇게 하고 있습니다. 그리고 물론 이것은 일사천리로 급속하게 증가합니다. 가장 놀랄만한 기적들—병고침과 다양한 다른 형태의 기적들—을 주장하고 있습니다. 이것들은 일반적으로 '성인들의 유물'로 불리워지는 것에 관하여 기록하고 있습니다. 한 뼈는 베드로의 몸이나 다른 어떤 "성인"의 몸에서부터 나왔으며, 이것이 기적적인 능력이 있다고 주장되었습니다. 기적들이 계속해서 전해진 곳은 어떤 성인의 "무덤" 혹은 그러한 종류의 "유적"이었습니다. 여러분은 심지어 성 어거스틴(Saint Augustin)과 크리소스톰(Chrysostom)과 그 외의 위대한 분들조차도 그것들을 기록하고 또 믿는 것을 발견하게 됩니다. 중세기에 이르기까지 이것은 널리 만연되었을 뿐 아니라, 교회를 위해서도 매우 유익하였습니다.

여러분 로데스(Lourdes)에서 현재에 일어나고 있는 것과 같은 로마 가톨릭 교회에서 기적이라 불리운 것들은 교회사와 관련된 사실과 현상과는 다른 것입니다. 쉽게 믿고 무비판적인 사람들은 그들이 직면하게 되는 기적과 경이를 믿으며 곧바로 성령의 사역이라고 단정할 채비를 갖추고 있습니다. 많은 이들이 이와 같이 행하고 직접적으로 이와 같은 일의 결과로 "로마 가톨릭의 개종자"가 됩니다. 여기에 역사가 주는 한 가지 큰 교훈이 있습니다. 우리는 이 문제들을 이후에 다시 계속해서 다룰 것입니다.

수세기를 더 내려가면, 여러분은 개혁주의(Protestantism)에서 동일한 일을 발견하게 될 것입니다. 200년전에, 횟필드(Whitefield)나 웨슬리파(The Wesley)와 같은 사람들과 연관되어있는 대 부흥운동에 관하여 읽을 때, 특별히 런던에서 있었던 "프랑스 예언자들"(The French Prophets)이라 불리우는 이들을 살펴보는 것은 흥미롭습니다. 17세기 말에 많은 위그노파(The Huguenots) 사람들이 영국으로 건너오며 이러한 종류의 연관이 지속되었습니다. 프랑스의 일부 지역에서 확실한 기적적 현상들이 있었으며, 이들은 점차적으로 영국으로 건너왔습니다. 심지어 죤 웨슬리와 같이 분별있고 지적인 사람이 잠시 동안 이것에 사로잡혔습니다. 횟필드(Whitefield)는 언제나 이 문제들에 대해 보다 더 두려워했기에, 그는 그렇지 않았습니다. 그러나 죤 웨슬리는 오랫동안 그의 지식과 총명을 고수해 왔지만 그러한 사람들이 때로 그러한 경향을 보이는 것처럼 방향을 너무나 전환하여 또 다른 극단으로 빠지게 되었습니다. 그는 너무 쉽게 믿어 버렸고 이른바, "프랑스 예언자들"의 기적적 현상에 깊은 감동을 받았습니다. 그러나 마침내 그는 적어도 이 모든 현상들이 하나님의 영으로부터 인지 아니면 악령으로부터인지 의심하게 되었습니다.

바꾸어 말하면, 저는 단순히 이 점을 제시하고 있는 것입니다. 우리는 현재에 이 은사들의 재생이나 그외에 많은 것들에 대하여 듣고 있습니다. 그러나 이런 것들이 보고된 것도 주장된 것도 처음 있는 일이 아니라는 것입니다. 이것은 교회사에서 자주 반복되어 발생된 것들입니다.

저는 이제 세기말에 있었던 에드워드 어빙(Edward Irving)과 관련된 어빙주의(Irvingism)라 불리운 사건 전체에 관하여 살펴보려 합니다. 이 사람은 유능한 스코틀랜드인이었습니다. 그는 한때 위대한 토마스 찰머즈 박사(Dr. Thomas Chalmers)의 조력자로 있었으며 그후에 런던에 내려와서 해튼 가든(Hatton Garden)근처의 스코틀랜드인의 교회에서 설교하기 시작했습니다. 그는 1820년에 런던에서 대단한 호평을 일으켰습니다. 사람들은 그의 설교를 듣기 위해 몰려들었습니다. 그는 그의 인격이나 용모, 언변 기타 등의 매력을 지니고 있었으며 전 런던에서 가장 인기있는 사람 중에 속하게 되었습니다. 그러나 그 사건은 대단히 비극으로 끝나게 되는데 이 모든 것은 그의 사역 아래서 성령의 은사가 반복되고 새로워진다고 주장하는 데서 비롯되었습니다. 이 사건을 기록해 놓은 많은 책들이 있으며 그것을 읽는 것은 매우 유익합니다. 그런데 저는 『사건들의 진술』(Norrative of Events)이라 불리우는 로버트 박스터(Robert Baxter)의 소책자를 읽는 특권을 누린 적이 있습니다. 이제 저는 이것을 언급할까 합니다.

로버트 박스터는 돈카스터(Doncaster)에서 살고 있었던 변호사였습니다. 그는 유능하고 성실하고 영적인 마음의 사람이었으며 잠시동안 에드워드 어빙이 주도한 운동의 핵심 인물이었으며 그들을 주도한 예언자였습니다. 그는 하나님으로부터 직접 메시지를 받는다고 주장했으며, 그 메시지는 그가 전해야 하고 실행하여야 하는 진리에 관한 것이었습니다. 그는 하나님의 성령이 그에게 그의 아내와 가족과 직업을 버리고 가서 이 메시지를 전하라는 말씀을 받았다고 주장했습니다. 그는 계속해서 성령이 법정으로 가서 일어나 소송을 중단시키고 판결을 내리라는 것을 들었다고 했으며 만일 그가 법정에 앉아 있는 동안 어떤 충동을 느낀다면, 성령으로부터 온 이 메시지를 전파하였습니다. 실제로 그가 충동을 받지 않으면 이렇게 하지는 않았습니다. 그런데 비록 그가 그의 아내와 가족들을 떠나되 심지어 작별인사도 고하지 말고 즉시 떠나야 한다는 말씀을 들었을 지라도, 그가 그들을 떠나는 조처를 취하지는 않았습니다.

  이 모든 것이 기록되었으며 성령의 인도하심으로 여겨졌습니다. 사람들은 방언으로 말하는 것과 로버트 박스터가 말하는 것을 주장하였습니다. 그는 이러한 운동의 핵심 인물로, 특별히 영적인 사람으로서 신탁처럼 간주되었습니다. 그는 하나님에 대한 사랑이 그 누구 보다도 크다는 것을 인정받았으며 그래서 행복했습니다. 그러나 그는 이 모든 것이 하나님의 영으로부터 온 것이 아니라는 것을 깨닫게 되었습니다. 정확히 예언들이 그에게 주어졌지만 그것들은 증명되지도 이루어지지도 않았습니다. 그는 또한 그에게 행하라고 주어진 어떤 것들은 성경의 가르침과 분명히 일치하지 않는다는 것을 깨달았습니다. 전에는 그 자신이 낮처럼 정직하며 이 모든 것이 다 성령으로 말미암았다고 생각했었는데 마침내, 그의 지식이 회복되었으며, 그는 여생을 교회에서 경건하고 거룩하게 보냈습니다. 그가 다른 이들에게 교훈을 주려고 쓴 『사건들의 진술』(*Narrative of events*)이라는 책은 그후 오랫동안 절판되었습니다.

　사랑하는 형제들이여, 우리는 이러한 일들을 무시해서는 안됩니다. 어빙주의는 사도적 보편 교회(the Catholic Apostolic church)를 설립하였으나 실패로 끝났습니다. 불쌍한 어빙은 과로하였고 신체적으로 고통을 받았으며 쇠약한 모습으로 죽음을 맞이했습니다. 어빙파에 있었던 여성 예언자들은 서로서로를 고발하였으며 이들 중 어떤 이들은 어떤 점에 있어서는 그들이 사실들을 조작했다는 것을 고백하고 인정하였습니다. 저를 오해하지는 마십시오! 저는 여러분이 어떤 주장을 듣는 순간에 "그것은 분명히 착각이오!"라고 말하기 위해서 이것을 제시하는 것은 아닙니다. 제가 말하는 모든 것은 "범사에 헤아려 좋은 것을 취하고" 무비판적으로 받아들이지 말라는 것입니다.

　마지막에 저는 세기말에 미국에서 일어났던 광적인 종교 분파들을 차례로 열거하려 합니다. 그들에 관한 『그룹운동과 실험을 위한 지침서』(*Group Movements and Experiments in Guidance*)라는 책이 한 때 쓰여졌습니다. 그들에 대해 중요한 점은 그들의 신실성을 의심할 수는 없다는 것입니다. 그들 모두는 그들이 체험한 것이 하나님의 영의 사역인 것을 진정으로 믿었습니다. 그러나 그 사건은 사실상 재난으로 끝나 버렸습니다.

　저는 이제 동일한 중요성을 지니며 "할 수만 있으면 택한 백성도" 미혹하는 악령들의 위험을 제시해 주는 세번째 예로 옮겨가려고 합니다. 세번째 예증은 강신술(spiritism)과 심리학(psychology)으로부터 나온 것입니다. 저는 강신술에서 주장하는 모든 것은 반드시 그 사실성을 거부해야 한다고 말하는 사람들을 이해할 수 없습니다. 고(故) 올리버 로우즈 경(the late Sir Oliver Lodge)이나 고(故) 아더 코난 도일 경(the late

Sir Arthur Conan Doyle)같은 사람들은 바보가 아니었습니다. 저는 강신술의 영역에 수많은 부정이 있으며 허구적 사실이 때로 제시된다는 것을 잘 알고 있습니다. 심령연구협회(the Society for Psychical Research)에서 이것을 증명했는데 거기에는 단순히 속임수나 부정이라는 것으로 치우쳐 설명할 수 없는 잔여물들이 항상 존재하고 있습니다. 그러한 일들이 강신술에 속해 있는 현상입니다. 저는 모든 강신술이 악령들의 사역을 증거한다고 믿기에, 이런 것을 받아들이는데 아무런 어려움이 없습니다. 경이로운 이적과 이런 현상들을 일으킬 수 있는 악령들이 존재하고 있습니다.

바꾸어 말하면, 강신술에서 여러분이 방언을 말하는 사람들을 보게 되리라는 것은 의심할 여지가 없습니다. 이것은 수없이 많이 보고되었고 증명되었습니다. 악령들도 사람들에게 사람들이 이해할 수 없는 이상한 말과 방언을 말하게 할 수 있습니다. 그들은 성령에 의해 일어난 방언을 모방할 수 있습니다. 어느모로 보나 그들은 동일한 모양으로 나타납니다. 방언 뿐 아니라 강신술의 영역에서 병고침이 발생했다는 것도 의심할 수 없습니다. 이것은 사려깊은 관찰자들과 강신술을 전혀 믿지 않는 사람들에 의해서 조사되었습니다. 여러분은 유명한 해리 에드워드(Harry Edwards) 같은 사람의 모든 일을 사기나 기만이라고 이야기할 수 없습니다. 기독교 신앙의 치료자들에 의해 보고된 것처럼 진실한 병고침의 사건들이 있습니다. 사실을 부인하는 것은 어리석은 일입니다. 위험은 치료자가 죽은 사람의 영의 매개자라는데 있습니다.

저는 여러분 앞에 하나의 경고로 이러한 예증을 내놓습니다. 즉 재미있게도 강신술사(spiritist)의 현상들이 이들 다른 현상들과 비슷하다는 것입니다. 그러므로 여러분이 무비판적으로 여러분 앞에 나탄난 어떤 현상을 믿으려 한다면, 여러분은 스스로 강신술이나 혹은 그러한 영역에 속한 모든 것들의 속임수에 빠질 것이 분명합니다.

이것은 또한 심리학에도 적용이 됩니다. 이런 모든 것들은 더욱 밝혀지고 있는 중이며 또한 많은 주목을 받고 있는 것도 물론입니다. 여러분은 텔레비전에서 그런 프로그램을 보았거나 윌리암 사젠트(William Sargent)박사가 쓴 『마음을 위한 전투』(Battle for the mind)라는 책을 읽어보았을 것입니다. 이 책이 의도하는 바는 기독인의 신앙을 무시해 버리고 대신 심리학에 의하여 그것을 설명하려는데 있습니다. 그들이 증명할 수 있는 것은 여러분이 사람들에게 최면을 걸어서 전혀 알지도 못하고 듣지도 못했던 다른 언어로 말할 수 있도록 만들 수 있다는 것입니다. 그리고 전혀 영적인 세계에 호소하지 않고도 자기 스스로를 최면에 걸리게 할 수 있는 사람들이 존재합니다. 순수한 심리학적 차원에서 자기 암시나 자기 최면 혹은 잠재의식 속에 깊이 파묻혀서 기억 속에 잊혀진 어떤 것을 재생시켜서 방언과 같은, 영적인 현상들을 재현해 낼 수 있습니다. 그러한 맥락을 따라 특수한 현상들이 존재하고 있습니다.

그러므로 거의 어떤 일이라도 발생할 수 있는 히스테리(hysteria)의 전 영역이 존재합니다. 여러분은 사람들이 "자 보십시오. 당신이 이러한 현상에 근거하여 기독교를 믿고 의지한다면 당신에게, 여기 그들이 있습니다"라고 말하는 것을 듣게 될 것입니다. 그런데 그 사람들은 최면술을 사용하거나 히스테리 혹은, 황홀경에 의해 그런 현상을 만들어 낼 것입니다. 그리고 그들은 심리학적으로 그런 일이 발생하는 것을 볼 수 있는 세계의 여러 지역들에 있는 어떤 이상한 종파에서 찍은 사진을 여러분에게 제공할 것입니다. 거기에서 그들은 "이것이 기독교의 전부이고 기독교는 그외에 아무것도 아니다"라고 말합니다.

　이와 같은 것들이 바로 저와 여러분이 "영들을 분별하라" "영들을 시험하라" "범사에 헤아려 좋은 것을 취하라"라는 성경의 권고에 면밀한 주의를 기울여야 하는 몇 가지 이유입니다. 이것은 우리가 하나님의 가르침을 존중하고 교회의 상태에 대해 염려하게 될 때에 우리의 피할 수 없는 의무입니다. 하나님은 사람들이 그 현상들을 성령세례와 혼동하는 것을 금하십니다. 왜냐하면 그 현상들이 나타난다 해도 그것들을 거부하는 사람들은 성령세례 역시 거부할 것이기 때문입니다. 그러므로 이 두 가지는 분명히 구별되어야 합니다. 우리가 어떻게 영들을 시험할 수 있을까요? 우리들, 특별히 우리들 중에서도 우리가 사는 시대에 부과된 의무들이 무엇인지를 아는 사람들은 시험하는 방법을 아는 것이 절대로 필요합니다. 하나님은 이 시대에 어떤 사람이 독선적인 자기 만족에 눌러 앉은 채, 수수방관하는 것을 금하십니다. 그런 사람들은 "물론, 나는 그것을 지금껏 기다려 왔다"라고 말하지만 결국엔 "그러나 거기에는 아무것도 없으며 무의미할 뿐이다"라고 말하게 됩니다. 또 어떤 이는 심지어 "이것은 마귀로부터 온 것이다"라고 말합니다. 만약에 여러분이 이와 같이 단번에 교회에서 독선적으로 된다면 하나님의 자비하심이 있기를 바랍니다.

　저는 어떠한 시대이든지 선하고 정직하며 영적인 사람들에 대해 특별히 언급하고자 합니다. 이들은 신앙의 부흥과 영적 재각성을 열망하고 있으며 이 악한 세대에서 교회가 권세있게 말씀을 전하고, 필요하다면 정부에 대해 선포하기도 하며, 우리 주변에서 일어나고 있는 도덕적 타락을 저지할 수 있는 어떤 일을 행하기를 기대하며 이런 것들이 우리에게 필요한 것들이라고 믿고 있는 것입니다. 제가 특별히 이런 말을 하는 것은 이러한 사람들을 위해서 입니다. 왜냐하면 여러분을 위험에 빠뜨리고 여러분이 사용해야 하는 비판력을 사용하지 못하게 하는 것은 바로 성령의 세례와 충만을 갈망하는 것이기 때문입니다.

이제 저는 여러분에게 오직 이것을 금하도록 권유합니다. 여러분은 이제 여러분의 내적인 느낌에만 의존하지 마십시오. 많은 사람이 이렇게 해보다가 자신이 심한 곤경에 빠지게 된 것을 깨달았습니다. 제가 말하는 것은 그들이 전적으로 자신의 내적 느낌에 따라서 결정한다는 것입니다. 그들은 "알다시피, 나는 이것이 옳다고 느낀다. 나는 다른 가능성은 바라지 않아"라고 말합니다. 그런데 그것은 전적으로 주관적입니다. 그러나 저는 주관적인 것을 전혀 무시하는 것이 아니고 그것이 충분하지 않다고 말하는 것입니다. 여러분은 단지 어떤 내적인 감정에만 의존하지 말아야 합니다. 왜냐하면 그것은 사단이 그렇게 하길 원하는 바로 그것이기 때문입니다. 그것은 여러분이 여러분의 비판력을 충분히 사용하지 않고 있으며 단순히 감정적이고 주관적인 방법으로 결정해 버리고 있다는 것을 의미합니다. 여러분에게 전해진 것이 여러분을 무척 놀랍도록 느끼게 하더라도 결코 동요되지 마십시오. 여러분은 "이제 정말로 하나님에 대한 더욱 큰 사랑을 느끼게 하는 것은 틀림없이 옳을거야"라고 말할지도 모릅니다. 제가 어빙파 운동에 관하여 이미 언급한 바 있는 로버트 박스터 자신이 하나님의 사랑을 그때처럼 마음속에 느껴본 적이 없다고 말하곤 하였습니다. 그는 하나님을 위해서 그의 아내와 가족을 떠날 각오가 되어 있었습니다. 이전에는 결코 알지 못했었던 하나님의 사랑에 대한 감정으로 충만해졌다고 말했으나 그것이 전적으로 자기를 잘못 인도해왔던 것을 알게 되었습니다.

그러므로 우리는 그런 느낌에 의존하여 판단하지 말아야

합니다. 여러분은 "나는 아직껏 그런 사랑을 알지 못했어. 그런 평화를, 그런 기쁨을 알지 못했던 거야"라고 말할지도 모릅니다. 이단 종파에 속한 사람들은 종종 당신에게 정확히 동일한 말을 할 것입니다. 그런 것들은 멀리하시고 무시하십시오. 그리고 그런 것들에 의존하지 마십시오. 또한 "나는 이것이 옳다고 느껴, 내 안에 있는 모든 것, 나의 전 영혼이 이것이 옳다고 말하는데"라고 말하지 마십시오. 그것은 충분하지 않습니다. 마귀는 그 만큼 교활합니다. 여러분은 우리 주님께서 "그들은 할 수만 있으면 택한 백성도 미혹하리라"고 말씀하신 것을 기억하십시오.

마지막으로 여러분의 판단을 여러분들에게 하라고 전하는 사람들에게 의지하지 마십시오. 그러한 경향을 가진 이들은 "자, 이제 나는 이 사람이 선하고 정직한 그리스도인이며 가장 헌신적인 사람임을 알고 있어. 그러므로 그가 말하는 것은 어떤 것이든지 틀림없이 옳을 거야"라고 말합니다. 하지만 그 사람이 틀릴 수도 있습니다. 그는 완전하지 않습니다. 마귀는 그 사람보다 더 위대하고 강한 사람들을 넘어뜨려 왔습니다. 그러므로 어떤 선한 사람들이 여러분에게 "이것은 나의 모든 삶의 경험을 변화시켰다"고 말한 사실만으로 충분하지 못합니다. 그 말은 옳을 수도 틀릴 수도 있습니다.

다시 한 번 여러분은 성경에서 뿐만 아니라 교회사를 통해서도 이러한 교훈을 얻기 바랍니다. 가장 훌륭하고 정직하고 신실한 사람들 중에 어떤 이들이 매우 심각하게 타락할 수 있습니다. 냉소적인 사람들은 뒷전에 앉아서 "물론 나는 그것이 잘못된 것을 알고 있어"라고 말합니다. 틀림없이 그들은 모든 일에 대해 그런식으로 말합니다. 그들은 거짓에 대해서 뿐 아니라 진실에 대해서도 그런 식으로 말합니다. 그들은 모든 것을 넘어뜨리며 비난합니다. 하나님의 자비하심이 그들에게 있기를! 도대체 그들은 과연 기독교인일까요? 아니오. 사단이 유혹하는 대상은 무엇보다도 바로 선하고 정직하고 진실한 영혼들입니다. 왜냐하면 이런 사람이 주님께 가장 가까이 있기 때문입니다. 마귀는 독선적인 형식에 치우친 사람들을 위해 그의 시간과 정력을 소모하지 않습니다. 그런 사람은 비록 교회 안에 거하기는 하지만 사단의 수중에 이미 빠져서 안연히 잠들어 있기 때문입니다. 마귀는 그 사람을 위해 시간을 낭비하지 않습니다. 그러나 그가 진정으로 관심을 쏟는 사람은 항상 주님을 따르기를 열망하는 그런 사람입니다.

그러므로 그들이 여러분에게 보고를 전하는 사람의 성격을 통해서 혹은 그들의 경험을 통해서 결정하지 말아야 합니다. 마음을 여시고 들을 준비를 하십시오. 그러나 결코 무비판적이 되지 마십시오. "범사에 헤아려 좋은 것을 취하십시오!"

제 4 장

지혜와 말씀

　우리들의 연구를 재개하면서, 저는 여러분에게 이 위대한 성령세례와 성령의 은사에 관한 문제를 연구하는 이유는, 이것이 성경에 있기 때문 만은 아니라는 것을 다시 한번 상기시키고자 합니다. 우리의 임무는 항상 성경에 있는 모든 것을 탐구하고 연구하는 것이지, 임의로 선택하는 것은 아닙니다. 만약에 우리가 이것이 하나님의 말씀이라고 믿는다면,—사실 이 모두가 하나님의 말씀입니다—우리는 성경 전체의 가르침에 정통해야만 합니다. 우리는 단순히 이것이 마음에 들지 않거나 혹은, 우리를 어려움과 문제에 빠지게 할지 모른다는 생각 때문에 이 가르침을 무시할 아무런 권리가 없습니다. 바로 이것이 이 주제를 연구하는 첫번째 주된 이유입니다.
　그러나 여기에 덧붙여, 현시대에 있어 교회의 모든 상황과 형편은 이러한 연구를 시급하게 하도록 하고 있습니다. 우리는 죄와 혼돈 속에 있는 세계를 목격하고 있습니다. 그리고 이제 모든 사람에게 교회에 하나님의 영이 풍성히 부어주심 외에는 이런 상황 속에서 아무것도 소용이 없다는 것이 확실해 졌습니다. 우리는 모든 노력을 다 했습니다.—저는 그러한 사람들의 노력을 무시하지는 않습니다—그러나 인간의 어떤 조직과 시도들도, 이 나라와 다른 나라에 있는 이 엄연한 상황을 해결할 수 없다는 것은 매우 확실합니다. 수세기를 통하여, 하나님의 방법은 그의 백성들에게 부흥이 있게 하고, 그의 교회에 다시금 그의 영을 부어주시는 것이었습니다. 이러한 이유 때문에 우리가 이러한 가르침을 검토해 보고, 특별히 교회사에 비추어서 이것을 살펴보는 것이 시급합니다. 그러므로 우리는 성령의 은사에 대한 연구를 계속하도록 합시다.

얼마 전의 우리의 연구에서, 우리는 어떻게 현상들을 시험해야 하는지를 숙고하기 시작했으며, 저는 여러분에게 감정을 신뢰하지 말라는 부정적인 충고를 했습니다. 저는 이제, 각각의 현상들을 긍정적으로 시험하고 분별하는 방법을 살펴보고자 합니다. 첫번째로 우리는 우리의 이성과 지혜를 사용해야 합니다. 어떤 사람은 제가 성경이 아니라, 이것으로 시작하는 것에 놀랄 것입니다. 제가 이렇게 하는 이유는 물론, 초대교회는 우리처럼 온전한 성경을 가지고 있지 않았다는 것 때문입니다. 의문이 생길 수 있습니다. 어떻게 그들은 시험할 수 있었습니까? 어떻게 그들은 영들을 분별할 수 있었습니까? 그러므로 저는 이성과 지혜로 시작하며, 이것은 제가 생각하기에는 가장 중요한 문제입니다. 제가 무엇을 의미하는지 여러분에게 설명하고자 합니다. 저는 우리가 우리의 마음과 이성과 지혜를 결코 포기하거나 내던져서는 안된다는 것을 성경에서 발견되는 하나의 원리로 제시하고자 합니다. 저는 이것을 가장 일반적으로 사용할 문구로 삼고 싶습니다. "우리는 결코 우리의 자제력을 상실해서는 안됩니다."

여러분 중에 이 문제들에 관심이 있는 사람들 특히, 오늘날 미국과 영국에서 그리고 세계의 다른 지역들에서 이 일들에 새로운 관심을 보이는 사람들은, 제가 의미하는 것이 무엇인지

정확히 알 것입니다. 그들은 우리에게 다가와, "이제 여러분이 이 복을 얻기를 원한다면, 여러분의 마음을… 여러분이 이 은사를 원한다면 자신을 버려야 하고, 여러분의 자제력을 상실해야 합니다"라고 가르칩니다.

저는 이것이 항상 잘못된 것임을 제시하려고 노력하고 있으며, 이 점만은 명백히 하고 싶습니다. 어떤 이는 저에게 "그런데 당신은 분명히, 사람이 스스로 기독 신앙을 믿을 수 없으며, 단순히 지적인 이해와 노력만으로는 그리스도인이 될 수 없다는 성경의 명백한 가르침을 벗어나고 있소. 당신은 이것을 강조하는데 결코 지쳐서는 안됩니다"라고 말할지 모릅니다. 이에 대한 답변은 아주 간단합니다.― 그말이 전적으로 옳습니다. 우리는 결코 우리 스스로의 힘으로 그리스도인이 될 수는 없습니다. 우리는 결코 지적인 과정을 통해서 우리 자신을 진리로, 하나님의 나라로 인도할 수 없습니다. 그러나 우리는 기독교가 비합리적인 것도 비이성적인 것도 아니라는 사실을 알아야 합니다. 여러분이 스스로 기독 신앙을 믿게 될 수는 없으나, 그리스도인이 되는 순간, 여러분은 기독교가 모든 것 중에 가장 이성적이고 합리적이라는 것을 발견하게 됩니다.

그러므로 어느모로 보나, 우리가 우리의 지성을 일부러 버려야 한다는 것은 없습니다. 성경 안에서도 우리가 그렇게 해야 한다는 가르침은 결코 없습니다. 고의로 생각을 중단하고 우리 자신이 공허한 상태에 빠지게 하는 것 즉, 우리 자신을 다른 권세들에 내맡기는 것은 결코 성경이 옹호하지 않습니다. 그렇다면 사람이 어떻게 그리스도인이 될 수 있을까요? 그런 일은 이렇게 해서 일어납니다. 성령께서 우리의 마음과 이성을 조명하여 주십니다. 성령은 우리의 이성을 배제하고 우리를 그리스도인으로 만들지 않습니다. 그가 행하시는 일은 우리의 이성을 더 높은 수준으로 끌어올리는 것입니다. 이 마음과 이성이 죄의 성향에 지배되기에 우리를 기독교, 혹은 하나님의 나라로 결코 인도할 수 없다는 것외에는, 이치상 잘못된 것은 아닙니다. 그러나 성령께서 마음과 이성을 고양시킬 수 있습니다. 인간은 결코 그의 이성과 지혜를 떠나서 구원받을 수는 없습니다. 절대로! 발생하는 것은 그의 마음과 이성이 전에는 거절했던 진리를 볼 수 있게 되는 것입니다. "육에 속한 사람은 하나님의 성령의 일을 받지 아니하나니 저희에게는 미련하게 보임이요 또 깨닫지도 못하나니 이런 일은 영적으로라야 분변함이니라"라고 사도는 말합니다. 정말 그렇습니다. 그런데 이 대답은 지적인 자멸을 허용하거나, 자제력을 상실하고 생각을 중단하거나, 고의로 하나님께서 여러분에게 주신 능력들을 포기하라는 것은 아닙니다. 여러분이 여러분 자신을 성령의 조명과 인도하심에 맡기라는 것입니다. 여러분이 그렇게 할 때에 성령은 여러분의 마음을 밝혀 줄 것입니다. 사도는 이것을 고린도전서 2:10에서 "오직 하나님이 성령으로 이것을 우리에게 보이셨으니 성령은 모든 것 곧 하나님의 깊은 것이라도 통달하시느니라"라고 기록하고 있습니다.

저는 이 점이 분명하다고 확신합니다. 지성만 가지고는 우리는 진리를 이해할 수 없으나, 성령을 통하여 계시가 주어질 때 우리의 마음과 이성은 진리를 깨닫게 되고 그 안에서 기뻐하게 되는 것입니다.

이것이 우리가 지혜를 사용해야 할 첫번째 답변이었습니다. 이제 저는 더욱더 중요한 두번째 답변을 제시하고자 합니다. 고린도전서 1,12, 13장 그리고 14장에 있는 논증의 배후에 있는 전제 조건은 지혜와 이성을 사용하는 것이며, 이것은 모든 신약성경에서도 동일합니다. 왜 고린도 교회에서는 이러한 은사들을 시행하고 나타내는데 어려움이 생겼습니까? 왜냐하면 그들은 그들의 이성과 지혜를 사용하지 않고 자신을 스스로 포기하고 있었기 때문입니다.

저는 여러분과 함께 이 문제를 해결하려고 합니다. 요한일서에 있는 권면을 받아들이십시오. "사랑하는 자들아 영을 다 믿지 말고 오직 영들이 하나님께 속하였나 시험하라 많은 거짓 선지자가 세상에 나왔음이니라"(요일 4:1). 만일 여러분이 마음과 이성과 지혜를 사용하지 않는다면, 어떻게 영들을 분별하고 시험할 수 있을까요? 이 일은 불가능합니다. 이런 상황을 가정해 봅시다. 여기에 한편은, 성령을 소유한 사람과 다른 한편은 악령들과 적그리스도의 영을 소유한 사람이 있습니다. 양자는 우리를 끌어들이고, 우리에게 영향을 끼치고자 노력하고 있습니다. 이때 우리는 무엇이 무엇인지 어떻게 알 수 있을까요? 만약 여러분이 자신을 내어버리거나, 자제력을 잃어버리거나, 사고를 그치거나, 이성과 여러분의 지혜를 사용하기를 중단한다면, 여러분은 어떻게 시험할 수 있을까요? 그것은 절대 불가능합니다! 따라서 고린도교회에 문제가 발생했던 이유도 그들이 그렇게 행하지 않았거나 그렇게 하기를 거절했기 때문입니다.

그런데 우리가 이것을 살펴볼 수 있는 또 다른 방법이 있습니다. 사도는 고린도전서 14장에서—저는 이것을 얼마 후에 다시 살펴보고자 합니다—방언의 은사를 오용하는 포괄적인 문제를 다루고 있습니다. 그들은 이 은사를 오용하는 경향이 있었고 어쨌든 그들이 함께 모였을 때 종일토록 이것을 시행하기를 원했습니다. 따라서 사도는 외부인이 들어오게 되었을 때, 끼치는 영향을 경고합니다. "그러므로 온 교회가 함께 모여 다 방언으로 말하면 무식한 자들이나 믿지 아니하는 자들이 들어와서 너희를 미쳤다 하지 아니하겠느냐"(고전 14:23). 이것이 사도가 다루어야 했던 상황입니다. 고린도 교인들은 다른 사람들이 이해할 수 없었던 방언으로 말하면서, 그들의 교회 모임의 모든 시간을 보내기를 원했습니다.

그러면 사도가 그들에게 충고하는 바는 무엇입니까? 그의 권면과 가르침은 무엇입니까? 이는, 방언이 통제되어야 한다는 것이며, 동시에 자신을 내어버리거나, 자제력을 잃어서는 안되고 여전히 통제 아래 있어야만 한다는 것입니다. 이 모든 것을 한 마디로 제시하는 구절은 고린도전서 14：32입니다. "예언하는 자들의 영이 예언하는 자들에게 제재를 받나니." 이제 이 말씀은 확실하게 이것을 단번에, 영원히 해결해 줍니다! 여러분은 스스로를 방종에 내어버려선 안됩니다. 왜냐하면 여러분이 그렇게 한다면, 다른 영들에게 자신을 노출시킬 것이며, 여러분은 시험할 수도 나아가 통제할 수도 없을 것입니다. 따라서 바울은 "모든 것을 적당하게 하고 질서대로 하라"는 권면으로 이 장을 마칩니다. 그런데 여러분이 사고와 이성 그리고 지혜를 내버린다면, 어떻게 이것이 가능하겠습니까?

여기에 한 가지 문제가 있는데 곧이어 이 문제를 다루려고 합니다. 이것은 저에게 있어, 가장 놀라운 진리의 특성 중의 하나로, 어떻게 단번에 그리고 동시에 여러분이 성령에 붙들림 바 되고 이끌려 지면서, 여전히 자신을 통제할 수 있는가 하는 점입니다. 이것은 기독교의 영광이며, 기독교를 거짓되고 그럴듯한 다른 모든 종교들로부터 구별되게 하는 것입니다. 따라서 저는 우리가 해야할 첫번째 일은 하나님께서 우리에게 주신 능력인 이성과 지혜를 사용해야 한다고 주장합니다. 참으로 저는 이것을 긍정적인 충고로 제시하고자 합니다. 바로 이것이 온 인류를 사로잡는 기독교적 구원의 본질적인 영광이기 때문입니다. 기독교는 사람의 이성과 마음과 의지를 사로잡습니다. 만일 여러분에게 사고를 중단하면 복을 얻게 될 것이라는 어떠한 가르침이 있다면, 그것은 복음자체의 가르침과는 반대되는 것입니다. 여기에 우리의 지혜의 눈을 밝혀주는 어떤 것이 있습니다. 마음은 한껏 펼쳐지고 사로잡힌 바 되지만 지성과 전인(全人)이 수반됩니다.

그러므로, 우리는 어떤 방법이나 암시를 통해서 우리의 사고를 중단시키려는 어떠한 가르침도 의심할 수 있는 권리가 있습니다. 제가 말하려는 것은 조명을 끄고서, 어떤 음악이나 문구를 리듬있게 반복하는, 잘 알려진, 심리학적 기술을 사용하는 것을 의미합니다. 여러분은 보다 더 미개한 종족들 사이에 일어나는 일 즉, 그들이 이런 방식을 통해서 어떻게 자신을 흥분시켜서 이성과 지혜의 능력을 상실하게 되는지 직접 보았거나, 읽어 보았을 것입니다. 이렇게 하는 어떠한 것이라도 의심해야만 합니다. 신약성경에는 이것에 근접하는 것은 전혀 없으며 여러분은 오히려 엄밀하게 정반대되는 것을 발견하게 됩니다.

우리가 믿는 이 메시지는 무엇입니까? 과연 이것이 진리일진대, 명백한 것은 이것은 우선적으로 인간의 마음에 일어나는 어떤 것입니다. 따라서 여러분에게 "자제력을 상실하십시오"라고 암시하는 어떠한 가르침이 있다면, 이미 그 자체로 적어도 의심할 근거가 된다는 것을 보여줍니다.

이제 우리는 영들을 시험하는 두번째 대원리로 넘어 갑시다. 이것은 성경 자체입니다. 저는 이미 초대교회는 우리처럼 온전한 성경을 가지지 않았었다고 여러분에게 상기시켜 드렸습니다. 교회가 생겼을 때 이런 문제들은 이미 일어났었고, 바로 이것 때문에 사도들이 그들의 서신서들을 써야만 했습니다. 그러나 그들은 그 이전에 이미 시험해야 할 상황에 있었습니다. 하지만 감사한 것은, 오늘날 우리들은 성경을 가지고 있으며, 따라서 이것을 사용해야 하는 것이 우리의 의무입니다.

사도 바울은 너희는(교회는) 사도들과 선지자들의 터 위에 세우심을 입은 자라"(엡 2 : 20)고 말합니다. 우리가 성경을 가지게 된 것도 바로 이 사도들과 선지자들을 통해서 입니다. 여기에 권위있는 가르침이 있으며, 우리가 필요로 하는 모든 가르침이 있습니다. 우리가 필요로 하는 모든 것이 이미 여기에 주어졌기 때문에 성경에 다른 것을 덧붙일 필요는 전혀 없습니다.

이제 우리는 이러한 시험들을 적용하는 방법들을 살펴볼 것입니다. 우리는 성령을 성경과 분리시키는 것보다 더 위험한 일은 없다는 것을 깨달아야 합니다. 교회사에 정통한 모든 사람들은 제가 의미하는 바를 정확히 알 것입니다. 그것은 항상 거짓된 운동, 혹은 소위 이단의 특징이었습니다. 특별히 영적인 은사와 나타남에 관심을 기울이는 사람들의 경우엔 말할 것도 없습니다. 이들은 항상 성령을 말씀에서 따로 떼어놓는 경향이 있습니다. 그리고 마침내는 성경말씀은 더이상 필요없다고 주저하지 않고 말하는 상황에 이르게 됩니다. 그들은 "여러분이 내적 광명을 소유했다면 왜 성경을 필요로 하나요? 여러분이 성령으로부터 직접적으로 메시지를 받고 있다면 어디에 성경이 필요하나요?"라고 말합니다.

이것은 가장 중요한 문제이고, 새로운 성령의 나타남으로 우리에게 제시되는 모든 것에도 적용해야만 하는 가장 우선적인 시험들 중에 하나입니다. 특별히 은사의 문제에 있어서는 더욱 그러합니다. 성경에 제시된 입장을 고수하십시오. 여러분은 그런 운동의 역사에서, 비록 그들이 시작은 잘하지만, 점차적으로 성경을 적게 사용하고 소위 "예언의 메시지"라는 것에 더욱더 큰 중요성을 부여하는 경향을 종종 보게 될 것입니다. 그들은 이것에 관해 더 많이 말하고 더 많은 관심을 기울이고, 하나님 말씀을 설명하는 대신에 이것을 인쇄하여

유포하기 시작합니다. 이것은 항상 가장 위험스런 징조가 되었습니다.

우리가 필요로 하는 모든 진리는 성경에 있으며, 우리에게 요구되는 것은 우리가 이것을 이해하고 설명할 수 있도록 성령께서 우리의 마음을 조명해 주시는 것입니다. 따라서 저는 일반적이고 가치있는 원칙으로 이것을 제시하고자 합니다. 만일 여러분이 점점더 성경에 근거하려 하지 않고, 이것을 설명하는데 보내는 시간이 점점더 줄어든 반면에 성령으로부터 직접적인 메시지에 점점더 많은 시간을 보내는 경향을 발견한다면, 여러분은 여러모로 의심을 해야할 책임이 있으며, 경계해야 할 의무가 있습니다.

저는 다시 한번 교회사에서 이것을 간단히 증명할 수 있습니다. 초기 3세기 동안에 초대교회에서 일어났던 운동들은, 바로 이러한 오류에 빠지고 말았습니다. 이것은 몬타누스주의 및 다른 유사한 운동들과 더불어 가장 위험한 것 중의 하나였습니다. 그러나 아마도 가장 적절한 예들 중의 하나는 개신교 종교개혁 직후에 있었습니다. 수세기 동안, 로마 가톨릭 교회는 엄격하고 완고한 체계와 그들 자신의 성경 해석으로 모든 것을 지배해 왔습니다. 개신교 개혁자들은 이것이 오류임을 성경을 통해 알게 되었습니다. 그들은 모든 신자는 만인제사장이라는 완전한 진리를 깨달았습니다. 그들은 성령을 소유한 모든 사람들은 성경을 읽을 권리가 있는 것을 깨달았고, 그 결과 사람들은 해방이 되었습니다. 그러나 여러분이 아시다시피, 대적자들이 찾아와 이것을 너무 지나쳐서, 또 다른 극단으로 몰아가려 했습니다. 엄밀하게 말해 로마 가톨릭의 정반대는 소위 "재세례파(the Anabaptist)"라 불리운 운동입니다. 여러분은 16세기에 일어나서, 마틴 루터(Martin Luther), 쯔빙글리(Zwingli), 죤 칼빈(John Calvin), 그리고 그외 다른 사람들을 고통스럽게 했던 이 운동에 관하여 읽어볼 수 있습니다.

솔직히 말하자면, 저는 이 위대한 종교 개혁자들이 그들에 대해 너무나 엄격해서 자신들이 스스로를 비난에 빠뜨렸다고 생각합니다. 그러나 그들이 직면했던 상황은 이 광적인 운동이—그들은 여러분은 성경이 전혀 필요하지 않으며, 성령은 여러분을 모든 일에 직접적으로 인도하신다고 말했습니다— 종교 개혁을 모두 함께 파멸시킬 가능성이 있는 위험이었습니다. 종교 개혁자들은 가톨릭으로 하여금 "당신들이 우리를 떠나는 순간, 당신들은 무엇을 얻을 수 있었나요? — 혼돈과 심한 혼란 뿐 아닙니까?"라고 말할 수 있는 입장에 서게 했습니다. 따라서 스스로 "예언자"라 부르는 사람들이 어떻게 주장했는가를 아는 것은 흥미롭습니다. 이들은 성경을 설명조차 하지 않으면서 즉시 그리고 직접적으로 성령의 인도를 받는다고 했습니다.

물론, 더욱더 유명한 예는 퀘이커 교도의 경우입니다. 죠지 폭스(Geroge Fox)와 다른 이들은 성경으로 시작했는데 그들은 모두 그들을 이해할 수 있게 하는 내적 광명을 소유하고 있다고 주장했습니다. 그러나 그들은 곧 이러한 입장에서 떠났고 다소간은 성경이 필요없다고 말하기 시작했습니다. 여러분은 이미 내적 광명 혹은, 내적 원리를 소유했으며, 여러분이 행해야 하는 모든 것은 성령을 기대하는 것이며 성령이 여러분에게 모든 것을 말해 줄 것이라는 것입니다. 그래서 그들은 점차적으로 성경에 등을 돌리게 되었고, 이것이 오늘날까지 그들 운동의 특징으로서 남아있습니다.

여러분은 제가 이미 언급했던 어빙주의 역사에서 동일한 일을 볼 수 있습니다. 그들은 성경에서 벗어나 더욱더 예언의 말들에 관심을 기울였습니다. 로버트 박스터가 참여했을 때,

그들이 하는 모든 것은 그가 성령의 감동과 능력 아래 직접적인 메시지를 받아서 말한다고 주장하는 것을 앉아서 듣는 것이었습니다. 그는 성경을 설교도, 가르치지도 않았으나 단지 "예언의 메시지"라 불리우는 것만을 전했습니다. 그런데 제가 여러분에게 상기시킨 것처럼, 이것은 혼동으로 이끌었을 뿐 아니라, 결국 비극으로 끝났습니다. 로버트 박스터 자신도 역시 이것이 자신이 생각했던 하나님의 영이 전혀 아니라는 것을 알게 되었으며 결국 은혜롭게도 그리스도인과 성경적인 입장으로 복귀되었습니다.

그러므로 이와 같은 것들이 영들을 시험하는 두 가지 주된 원리입니다. 우리는 우리의 마음과 우리의 지혜를 사용해야 하며 결코 우리의 자제력을 상실해서는 안됩니다. 우리는 비판하고 검증하고 분별하고 절제하는 능력을 상실하지 않기 위하여 우리 자신을 결코 내어버려서는 안됩니다. 무엇보다도 우리는 성경을 사용해야만 합니다. 우리는 우리 안에 성령, 계발된 마음, 그리고 성경을 가지고 있습니다. 우리는 이 모든 것을 함께 종합해야 합니다. 우리가 성경 말씀을 읽을 때는 성령께서 말씀과 함께, 말씀 위에 그리고 우리 안에 계십니다.

어떻게 우리는 이러한 원리들을 세부적으로 시행할 수 있을까요? 저는 저에게 도움을 주는 여러 일반 원리들을 여러분에게 제시하고자 합니다. 저는 수년 동안 자신의 경험과 성경을 읽은 결과로써, 이것들을 여러분에게 제시합니다. 이것들은 또한, 교회사를 읽은 결과이며 교회생활과 관련된 활동들의 결과이기도 합니다. 여기에 여러분이 적용할 수 있는 일반 원리로 제시하고자 하는, 제가 도달했던 몇 가지 결론들이 있습니다.

우선적으로, 새로운 진리에 대한 계시라고 주장하는 어떤 것도 항상 의심하십시오. (참으로 더 나아가 말하고 싶은 것은, 비난하고 거부할 수 있는 준비를 하고 있으라는 것입니다.)

저는 여러분이, 제가 이렇게 말하는 의미를 알 것이라고 확신합니다. 그러한 상태와 상황에 있는 사람들은 그들에게 어떤 계시가 임했다고 주장합니다. 오늘날에도 특별한 계시를 받았다고 주장한 사람들이 시작한 유명한 운동들이 있습니다. 무엇보다 가장 일반적인 계시 중 하나는 우리의 찬양받으실 구세주의 재림에 관한 것입니다. 그들은 어떤 지정된 해에 우리 주님께서 재림하신다는 계시를 받았다고 주장합니다. 이른바 제 칠일 안식일교회는 이런 식으로 시작되었습니다. 러셀(Russell)이라는 사람과 엘리노 화이트 여사(Mrs. Eleanor White)는 성령이 직접적으로 우리 주님께서 재림하실 정확한 연도를 계시하셨다고 주장했습니다. 물론, 그때에 그 일은 일어나지 않았습니다. 그러나 이것과는 상관없이 이 운동은 계속되고 있습니다. 제가 지적하고자 하는 것은 이 운동이 전적으로 특별한 진리에 관한 직접적인 그리고 즉흥적인 계시라고 주장하는 것에 근거를 두고 있다는 것입니다.

여러분은 이와 같은 일을 어떻게 분별하십니까? 만일 어떤 이가 여러분에게 다가와, 영적인 상태에서 그들에게 주어진 계시라며 주님이 1970년에 재림하실 것이라고 말한다면, 여러분은 어떻게 말하겠습니까?(저자는 이 설교를 1965년에 했었다.) 저는 여러분이 많은 사람들이 그러했던 것처럼 성경의 비유와 숫자를 통해서 연구를 시작하지 말 것을 제안합니다. 제가 생각하기에는 때와 시기에 관하여 관심을 가질 필요가 없다고 말하는 성경말씀을 따르는 것으로 충분하다고 봅니다. 그러므로 여러분에게 누군가 정확한 시기를 알려줄 때 여러분은 "성경은 우리가 정확한 날을 알 수 없다고 말합니다"라고 대답해야 합니다. "형제들아 때와 시기에 관하여는 너희에게 쓸 것이 없음은."왜 그렇습니까? 여러분이 아시다시피, 주께서는 "밤에 도적같이" 오실 것이기 때문입니다 (살전 5 : 1, 2, 벧후 3 : 10을 참조하라). 우리 주님께서도 이 땅에 계셨을 때 친히 말씀하시길 자신조차도 정확한 날을 알지 못하며, 오직 아버지께서만 아신다고 말씀하셨습니다(마 24 : 36). 그러므로 새로운 계시라고 주장하는 이런 것들은 성경적인 가르침과는 반대되는 것입니다. 여러분은 이것을 이러한 근거로 거부할 수 있는 권리가 있습니다.

그러나 오! 애석하게도 사람들은 이렇게 하지 않습니다. 그들은 '하지만, 이 화이트 여사를 보십시오. 그녀가 얼마나 신령한 여인인데요!"라고 말합니다. 이와 똑같은 것을 주장해 온 또 다른 사람들도 있습니다. 다시 한번 어빙주의 운동과 관련시켜 보면, 이들은 재림에 관해 집중적인 관심을 기울였습니다. ─참으로 재림은 그 당시에 영국과 미국에서 특별히 인기있어 보이는 가르침의 핵심이었습니다.

그런데 저는 사람들에게 잘 알려지지 않는, 더욱더 흥미로운 예증을 여러분에게 제시하고자 합니다. 복음주의 내에서도 큰 인기를 누려온 한 가르침이 있는데 그것은 "성도의 휴거"라고 알려진 것입니다. 이는 재림시에 주께서 오직 그의 성도들에게만 나타날 것이며, 이것에 관해 아무도 볼 수 없고 아무것도 알 수도 없이 그들이 비밀스럽게 하늘 위로 사로잡힐 것이라는 가르침입니다. 사람들이 알게 될 모든 것은 단지 성도들이 갑자기 사라져 버렸다는 것뿐입니다.

저는 여러분이 이러한 가르침의 역사와 내용을 알고 있는지 궁금합니다. 이것을 주장하는 사람들은, 이것이 항상 교회와 성경의 가르침이라고 추측하는 것처럼 보이나, 진정으로 여러분은 이것의 역사를 알고 계십니까? 이에 대한 답변은 이 가르침이 1830년에 최초로 제시되었다는 것입니다. 그 이전에는 이것을 들어보지도 못했습니다.

 이것은 어떻게 사작됐을까요? 흥미롭게도, 우리는 다시 에드워드 어빙(Edward Irving)이라는 이름을 떠올려야 합니다. 1830년 경에, 다비(J. N. Darby), 뉴톤(B. W. Newton)과 트레겔레스(S. P. Tregelles)와 그외 교우단의 초기의 지도자들을 포함한 플리머드 교우파(Plymouth Brethren : 영국의 플리머드와 더블린에서 일어난 칼빈주의의 한 종파-역자주)로 알려진 사람들이 에드워드 어빙과 그의 추종자들과 함께 소위 "예언자 협회"(Prophetic Conferences)를 결성하였습니다. 이들은 전적으로 재림에 관한 모든 교리에 관심을 기울였으며, "재림교리는 무시되어 왔습니다. 그러나 우리는 이것을 조사하고 연구해 보아야 합니다"라고 선언했습니다. 그리고 그들은 파우어스코트(Powerscourt)라고 불리는 장소에서 협회를 열었습니다. 성도들의 휴거라는 사상이 발생하게 된 것은 바로 이 모임과 관련이 있습니다. 우리는 위대하고 유명한 성경학자인 트레겔레스(S. P. Tregelles)의 근거 자료를 가지고 있는데, 그는 『그리스도의 재림에 관한 소망』(The hope of christ's Second Coming)이라는 그의 책에서 휴거사상이 어떻게 해서 발생했는지에 대해 말해 주고 있습니다. 여기에서 그는 "재림시에 교회의 휴거가 있다는 명백한 가르침이 있다는 것을 어빙파 교회에서 '발표'되고서야 비로소 알게 되었습니다. 어빙파 교회에서는 이것을 성령의 음성으로 받아들였던 것입니다. 그러나 어떤 사람이 이것을 주장하든지, 그렇지 않든지, 이것에 관한 현대의 교리와 용어는 근거없는 계시로부터 발생했던 것입니다"라고 말합니다. 그는 이 협회에 가입했었기 때문에 이와 같이 권위있게 말할 수 있는 것입니다. 어빙파 교회에서는 오늘날도 성령의 은사들이 재연되며, 그들 사이에는 예언의 말씀이 있다고 주장합니다. 따라서, 성도의 휴거의 사

상이 발생하게 된 것은 이러한 근거없는 성령의 말씀을 통해
서였습니다. 이것은, 그들이 주장하기에는 성령께서 직접 계
시해 준 어떤 것이었으므로 그들은 이것을 받아들였습니다.
놀라운 것은 다비(J. N. Darby)같은 사람도 이것을 받아들였으
며 계속해서 가르쳤다는 것이며, 그 이후로 이것은 매우 보
편적으로 가르쳐졌습니다. 트레겔레스(Tregelles)는 이것을 받
아들이려 하지 않았으며, 뉴톤(B. W. Newton)도 그러했습니
다. 이것은 플리머드 교우파(Plymouth Brethren)사이의 최초의
분리의 원인이 되었습니다. (첨가하자면, 다비는 곧 에드워드
어빙이 위험한 경향을 지닌 것을 발견했으며, 그와 완전히
결별했습니다. 그러나 그는 비밀스런 휴거의 교리를 예언의
말씀의 결과로서 유일하게 계속하여 받아들였습니다.)

　제가 제시하는 원리는 우리가 어떤 새로운 가르침이나 계시,
혹은 덧붙여진 계시라고 주장하는 것을 받아들이는데 매우
조심해야 한다는 것입니다. 이런 것은 항상 가장 의심할 만한
것으로 여겨야 합니다. 왜냐하면 이런 것은, 제가 말씀드렸던
것처럼 불필요하며, 또한 여러분은 자주 이것이 성경의 가르
침과 반대된다는 것을 발견하게 될 것이기 때문입니다. 이것은
우리를 두번째의 원리로 인도해 줍니다. 명백하게, 어떤 사
람이 주장하는 것이 성령으로부터 온 메시지라고 한다면, 그
리고 이것이 성경의 가르침에 위배된다면, 다시 한번 여러분은
이것을 거부하십시오.

　이것을 통해 제가 의미하는 것을 설명하고자 합니다. 놀랍
게도 그리스도인을 포함하여 사람들은 쉽게 믿어버리기 때문에
허풍쟁이나 정신착란자에게 자신을 내어준다는 것을 알 수
있습니다. 저는 일찍이 1930년에 재판된 『그룹운동과 실험을
위한 지침』(*Group Movements and Experiments in Guidance*)라는
책에 대해서 언급한 적이 있는데, 이 책은 지난 세기에 미국

에서 있었던 다양한 기형적인 종교 운동에 관해 잘 설명해 주고 있습니다. 온전한 그리스도인이며 신실한 신자라도 이와 같은 것을 받아들일 수 있다는 것은 확실한 사실입니다. 어떤 교사는 그가 너무나 성령으로 충만해서 축복을 받으려면 여러분이 그를 만지기만 해도 된다고 주장합니다. 우리는 사도행전 19장에서 사도 바울이 행한 특별한 기적을 볼 수 있습니다. 여기에는, 병든 사람들이 그들의 손수건을 바울의 몸에 대고, 다시 이것을 자신들의 몸에 대면, 그들의 병이 치료가 되는 것을 기록하고 있습니다. 그러므로 이 그리스도인들도 이것을 동일하게 적용하여 "예, 이 사람이 바로 그와 같은 사람입니다"라고 말했습니다. 그들은 그가 너무도 성령으로 충만하여 그와 육체적인 접촉을 통해 축복을 얻게 될 것이라고 생각했습니다. 따라서 수많은 사람들이 이렇게 하기 위해 나아갔습니다. 이것은 결국 비극으로 끝나고 말았습니다. 저는, 그를 정신착란자라고 생각합니다만, 그는 사람들에게 자기와 한 침대에서 자게 되면 최고의 축복을 얻게 된다는 주장을 하였습니다. 더이상 말할 필요가 없을 것입니다. 남자들과 여자들 모두 그렇게 했으며 결국엔 물론, 중대한 스캔들 속에 끝을 맺었습니다.

제가 여러분에게 분명하게 제시하고자 하는 것은, 저의 사랑하는 형제들이여! 이것은 선하고 경건하고 영적인 마음의 사람들과 하나님의 온전한 축복을 진정으로 원하는 사람들이 빠지게 된 함정이었다는 것입니다. 물론, 형식적인 교회의 교인들은 그러한 함정에 빠지지 않았습니다. 그들은 방관하며 "우리가 여러분에게 성령에 관해 그렇게 말한 것을 받아들일 때는 언제나 종말을 맞이할 것이라고, 우리가 그렇게 말하지 않았소"라고 말했습니다. 하나님의 자비가 그들에게 있기를! 하나님께서 자비를 베푸시길! 육신적이고 방관을 하며 죽어 있는 바에야 차라리 쉽게 믿어버리는 것이 더 낫습니다. 이것은 제가 말한대로, 훌륭한 사람들을 위험에 빠뜨리는 어떤 것입니다. 여러분이 시험하는 것을 포기하고 자제력을 상실한 순간, 그리고 "성경에 어디엔가 그와같은 것이 나와 있다"라는 사고를 멈추는 순간, 여러분은 제가 이미 언급한 것처럼 그런 일의 희생이 됩니다.

저는 한 가지 예를 더 제시하겠습니다. 1904~1905년의 웰쉬의 부흥운동(Welsh Revival) 때 얻은 경험의 결과로서 저는 개인적으로 설교를 중단하기로 결정한 최소한 두 사람의 사역자를 알고 있습니다 그들은 설교 준비가 더이상 필요가 없다고 주장했습니다. 왜냐하면 성령이 그들에게 직접적으로 메시지를 주시기 때문이라는 것입니다. 저는 언젠가 어떤 신실한 그리스도인이 그 당시에 모임을 개최하기 위하여 영국을 방문한 사람을 칭찬하는 것을 들었습니다. 이것은 그가 줄 수 있는 최대한의 찬사였습니다. 그는 "여러분도 아시다시피, 이것은 굉장한 일입니다. 저는 어떤 것도 이와 같은 것은 들어본 적이 없습니다. 그는 전혀 설교나 메시지를 준비해야 할 필요가 없습니다. 때로 그가 모임에 들어가는 동안 그에게 이 모든 것이 주어진답니다"라고 말했습니다. 제가 알고 있던 두 사역자는 설교 준비를 중단하였는데, 이들도 역시 "우리는 성경에서 '네 입을 넓게 열라 내가 채우리라'(시 81 : 10)라는 말씀을 읽었습니다. 그리고 성경은 '무슨 말을 할까 미리 염려하지 말라 무엇이든지 그 시에 너희에게 주시는 그 말을 하라, 말하는 이는 너희가 아니요 성령이시니라'(막 13 : 11)라고 말하지 않습니까?"라고 말했습니다.

이에 대한 유일한 답변은, 성경은 항상 그 문맥 속에서 해석해야 한다는 것입니다. 따라서 "네 입을 넓게 열라 내가 채우리라"는 말씀은 설교와는 전혀 상관이 없는 시편에 있으며, 오히려 이것은 음식에 관한 말씀입니다. 다른 인용 구절도 살펴보면 제자들이 갑자기 체포되거나 붙잡혔을 때 혹은, 법정에서 어려움을 당할 때, 그렇게 하도록 하는 말씀이지 역시 설교나 가르침과는 상관이 없습니다.

바꾸어 말하면, 이것은 성경을 사용하는 방식이 아닙니다. 설교준비를 중단하고 메시지가 주어지기를 기대하고 강단에 올라가곤 했던 두 사역자는 정직하고, 신실한 분들이었다는 것입니다. 그러나 그들의 사역은 완전히 실패했고 그들의 교회도 자신들의 손에 의해 거의 해체되다시피 했습니다.

이 모든 것은 물론 전적으로 성경의 가르침과 반대되지만, 성경은 이와 같은 것을 설명하기 위해서 주어진 것입니다. 바로 이것이 성경이 기록된 이유이며 초대 교회에 교사들이 있었던 이유입니다. 그들은 성경을 교육하였으며, 이렇게 하기 위하여 따로 구별된 사람들이었고 따라서 그들은 다른 이들보다 갑절의 영광을 받을만한 가치가 있습니다.

지난 수세기를 거슬러 올라가 보면, 사람들이—횟필드(Whitefield), 웨슬리(Wesley), 무디(Moody), 피니(Finney)와 같은 (『성령세례』를 참고하십시오.)—성령충만했을 때 그들은 모두 성경을 가르쳤다는 것을 발견하게 됩니다. 그들은 성경을 연구했습니다. 그들은 성경에서 메시지를 준비했고 그 메시지에 능력을 주고, 청중들에게 적용하게 하시는 성령을 의지했습니다. 저는 이러한 일반적인 원칙아래 마지막 충고를 하려고 합니다. 단순한 구경거리에 불과한 어떤 것이나, 우리의 마음과 이성을 어리석게 하는 어떤 것은 반드시 항상 의심하여야 합니다. 바꾸어 말하면, 우리는 항상 광신주의를 경계해야 하는데 이들의 특징은 그 자체로 확산될 뿐 아니라, 항상 엉뚱한 요소들을 도입한다는 것입니다. 오, 이러한 것들은 얼마나 해결하기가 힘드는지!

저는 이 광신주의에 대해 두 가지 예를 제시하고자 합니다. 이것이 여러분을 썩 즐겁게 하지는 않을 것인데, 이는 제가 다시 한번 그들 자신의 신앙으로 인하여 매우 심한 고통을 맛보았던 두 경건한 사람들을 언급하기 때문이며, 제가 아는 그들은 이제 영원한 영광 가운데 있기 때문입니다. 첫번째 사람에 대해서는 저는 잘 모르지만 그를 아는 사람들로부터 들었습니다. 이 사람은 새로운 치아가 다시 자랄 수 있도록, 그의 모든 치아를 뽑아 버리라는 인도를 받았다고 생각했습니다. 이것은 성령의 사역과 능력에 관한 위대하고 영광스런 시험이었습니다. 그는 이것에 관한 확신을 받았다고 말했으며, 실제로 그는 그의 모든 치아를 뽑아 버렸습니다.

이 사람은 새로운 창조의 능력을 기대하고 있었기 때문에, 저는 이것을 광신주의의 경향이라는 것을 알려드립니다. 여러분은 성경의 이적들 가운데 이런 것을 볼 수 없습니다. 치료와 회복은 볼 수 있을지언정, 새로운 창조는 없는 것입니다. 저는 사지 중의 하나를 잃은 사람을 위해 새로운 것이 자라도록 기도했던 사람들에 대해 들은 적이 있습니다. 그러나 그일은 결코 일어나지 않았습니다. 이것은 창조의 영역에 속한 것이며 바로 여기에 거짓된 것이 끼어들어 온 것입니다.

이제 저는 두번째 사람에 대해 말씀드리겠는데 이 사람에 대해서는 실로 매우 잘 알고 있습니다. 그는 1904~5년의 웰쉬 부흥운동(Welsh Revival)에서 하나님께 크게 쓰임받았고 놀라운 방식으로 성령에 의해 암시를 받았던 사역자였습니다. 그는 해변에서 약 4마일쯤 떨어진 곳에서 살았는데 어느날 그는 성령으로부터 바다 위를 걸을 수 있으리라는 계시를 받았다고 주장했습니다. 그는 실제로 해변으로 내려가서 그렇게 시도했습니다. 물론 그일은 완전히 실패로 끝났습니다. 왜 그랬을까요! 제가 생각하기엔, 이것은 악령이 찾아와서 그를 기만하고, 그로 하여금 지나치게 벗어나도록 하였기 때문입니다. 이것은 영적 유익이 없는 단순한 구경거리였을 뿐입니다.

여러분은 마귀가 세 가지 시험을 우리 주님께 제안했던 것을 기억하고 있습니다. 이는 성전 꼭대기로 데리고 올라가서 뛰어내리라고 한 것등입니다. 이것은 단순한 구경거리였으며, 여러분은 역사 속에서 마귀가 이와 같은 방식으로 스스로를 기만하고 훌륭한 그리스도인들로 하여금 무가치하고 구경거리에 지나지 않는 어떤 일을 하도록 이끈다는 것을 발견할 것입니다. 이것은 언제나 광신주의의 경향입니다. 악한 권세들의 주된 경향은 우리로 하여금 지나치게 벗어나게 하며 쉽게 믿어버리고 무비판적인 태도를 지니게 하여, 결국엔 모든 일이 어리석은 것이 되며 심지어 때로는 비극으로 끝나버리게 하는 것입니다. 따라서 마귀가 궁극적으로 관심을 갖는 것은 성령의 사역과 주님의 사역이 비웃음거리가 되게 하고 비난을 받게 하는 것입니다.

우리들은 "영들을 시험하라", "범사에 헤아려라" 그리고 "좋은 것과 진실한 것을 취하라"는 성경의 권면을 어떻게 수행할 것인지에 관해 생각해 보기 시작했습니다. 그러므로 하나님께서 우리를 겸손하게 하시고 성령을 소멸하지 않도록 지키시길!—성령을 소멸하는 것은 무서운 죄입니다—또한 하나님께서 다른 이들에게는 주께서 주신 이성과 지혜의 은사 그리고 심지어 성경까지도 내어버리는 일이 없도록 지키시며, 광신주의의 오류와 위험과 비극에 스스로를 **빠뜨리지** 않도록 지켜주시길!

제 5 장

잘못에 대한 안전 장치

　영들(spirits)을 조사하기 위해 붙인 위와 같은 일반적인 제목에는, 제가 보기에는 여전히 어떤 다른 문제들이 남아 있는데 매우 조심할 필요가 있습니다. 신약성경은 우리가 듣거나 보는 모든 것을 다 믿을 것이 아니라, 조사하거나 시험하여 매우 조심하도록 권면합니다. 우리는 우리가 영적인 영역에 속해있다는 것과 우리가 거하고 있는 하늘에서 조차 정사(principalities)와 권세(powers)와 악한 영들이 존재한다는 것을 깨닫는 것보다 더 중요한 것은 없습니다. 마귀는 스스로 광명의 천사로 자신을 가장할 수 있으며, 가능하다면 바로 그 선택받은 자들까지도 속일 수도 있습니다. 그래서 우리는 대단히 조심할 필요가 있습니다. 성경은 우리에게 조심하도록 권면하며, 역사도 조심할 필요가 있음을 증명하고 있습니다.
　성경과 교회사에서 보여주는 가장 조심하고 주의해야 할 필요가 있는 첫째 부분은 미래의 사건들을 예언하는 것에 대한 것입니다. 앞 부분에서 우리가 우리 주님의 재림과 그와 같은 일에 대한 정확한 때에 관심을 갖기 때문에, 나는 이미 이 문제를 부분적으로 언급하였습니다. 정확한 때를 알려는 것은 언제나 마귀가 꾸며 놓은 함정이 되었습니다. 성경이 때와 기한에 대해 관심을 갖지 않도록 권면함에도 불구하고 선한 사람들이 그와 같은 함정에 빠진다는 것은 매우 슬픈 일입니다. 마귀는 우리의 마음을 잘 알고 있으며, 우리의 가장 현저한 특징 중의 하나인 호기심(curiosity), 즉 비록 우리가 알 수 없는 때와 기한에 대해 어떻게 '알기'를 원하는가를 잘 알고 있습니다. 때와 기한은 하나님만이 알고 계십니다.

그러나 이런 경향은 주님의 재림에만 국한된 것이 아닙니다. 여러분은 어떤 특별한 사건들이 종종 발생할 것이라고 예언된 성경의 양식이나 혹은 다른 특별한 사건이 여차저차한 때에 일어날 것이라는 진술에서 이러한 잘못을 범한 역사를 발견할 것입니다. 박스터(Robert Baxter)는 여러가지 경우에 있어서 이런 잘못을 범하였습니다. 그러나 나는 이 경우를 말하고 싶지는 않습니다. 이것에 대해 우리가 알아야 할 것과 균형을 유지해야 할 것은 미래에 대한 예언이 가능하다는 것입니다. 왜냐하면 성령께서 사람으로 하여금 이 일을 가능케 하실 수 있기 때문입니다. 여러분은 스코트족(Scots)의 몇몇의 위대한 인물들의 연대기에서 바로 이런 일을 발견하게 될 것입니다. 존 웰쉬(John Welsh)와 또다른 사람들은 계속해서 일어난 확실한 사건들을 정확하게 예언할 수 있었습니다. 우리는 이 사실을 부인할 필요는 없으며, 이 일은 언제나 가능한 것입니다. 하나님께서 구약성경에서 예언의 은사를 예언자들에게 주셨음을 생각할 때, 우리는 언제나 이러한 가능성이 있기 때문에 배제할 필요는 없습니다.

제가 말하고자 하는 바는 이것이 매우 드물게 나타나는 현상이기 때문에 매우 조심해야만 한다는 것입니다. 그러나 여러분은 어떤 사람들이 거리낌없이 자유롭게 이것을 행하는 것을 발견하게 될 때 항상 조심해야만 합니다. 예언자들의 예언에 대한 궁극적인 시금석은 구약 그 자체 속에서 우리에게 교훈하는 것 즉 그가 예언한 것이 이루어졌느냐 아니냐 하는 것입니다. 여러분들이 알다시피 구약성경에는 참 예언자와 거짓 예언자 사이에서 끊임없이 계속되는 큰 투쟁이 기록되어 있습니다. 물론 그들은 둘다 모두 예언을 하였습니다. 그래서 그 가르침은 궁극적으로 여러분이 예언자들의 진리와 그들의 외침을 그 시금석에 의해 시험해 보아야 합니다. 그 방법은 여러분이 기다려야 한다는 것입니다. 만일 그가 말한 것이 일어나지 않는다면, 그 때 여러분은 그가 참 예언자가 아니며, 그가 말한 것이 하나님께로부터 온 것이 아님을 알게 될 것입니다.

그런고로 어떤 사람이 이런 저런 일들이 여차 저차한 날에 발생할 것이라고 예언한 후 그 일이 일어나지 않는다면, 여러분은 이 일을 심사숙고해야만 합니다. 예를 들면, 박스터(Robert Baxter)란 사람이 자기 속에 어떤 영이 있었는데 그는 그것이 성령이라고 생각하였으나 분명하지는 않았습니다. 그러나 성령께서 그에게 예언하도록 하셨을 때, 그 일은 이루어졌습니다. 이 일은 절대로 확실한 일입니다. 그래서 만일 실패한다면, 그것은 다른 영이라는 사실을 나타내 줍니다.

이 일을 더 이야기할 수도 있으나, 그만하겠습니다. 오늘날에는 미래를 예언하는 것처럼 보이는 이상한 능력인 초감각적 감지(extra-sensory perception)에 대해 사람들이 많은 관심을 가집니다. 여기에서 이것이 우리로 하여금 조심할 필요가 있음을 알게 해 줍니다. 우리는 이런 점에서 볼 때 실제로 성령께로부터 오지 않은 어떤 것을 쉽게 성령께 돌리지 않도록 조심해야만 합니다.

가장 조심해야 할 필요가 있는 또 다른 점은 '개인적인 인도하심'(personal leadings)에 대한 문제입니다. 다시 거론되는 이 문제는 매우 특별한 주제이며, 실제로 매우 흥미로운 것입니다. 하나님의 백성이 '인도하심'과 '안내'와 '무엇을 해야 할 것인가에 대한 지시'를 기다려야 한다는 것에 대해 의문의 여지가 없습니다. 성경에는 이에 대한 많은 예화가 있지만, 나는 이 중의 하나를 언급하고자 합니다. 여러분은 사도행전 8:26 이하에서 주의 사자가 빌립에게 일러 가로되, "일어나서 남으로 향하여 예루살렘에서 가사로 내려가는 길까지 가라 하니 그 길은 광야라"라고 한 이야기를 기억할 것입니다. 물론 빌립은 그리로 갔습니다. 그리고 그는 에디오피아 내시를 만나서 그에게 그리스도를 증거하기 위하여 보냄을 받았음을 알게 되었습니다. 다시 한 번 개별적으로 읽어보십시오.

지금부터 이와같은 인도하심에 대해 언급하고자 합니다. 여러분은 사도행전 13장 초두의 구절을 알고 있습니다. "안디옥교회에 선지자들과 교사들이 있으니… 주를 섬겨 금식할 때에 성령이 가라사대 내가 불러 시키는 일을 위하여 바나바와 사울을 따로 세우라.""바로 성령께서 말씀하셨습니다!" 그들은 성령께서 말씀하신 것을 알았으며, 그래서 그들은 성령의 가르침을 따라 행동하였습니다. 사울과 바나바는 성령의 인도하심을 깨달았기 때문에 그대로 순종하였습니다.

만일 여러분은 여러 세기를 통해서, 특별히 각 시대의 부흥의 역사를 통해서 하나님의 백성인 성도들의 역사를 읽어보면, 여러분은 성령께서 하실 일을 사람에게 알리심을 분명하고 확실하게 알게 됩니다. 즉 그들은 성령께서 자기들에게 말씀하신 것을 알았습니다. 그래서 이것은 그들에 대한 인도하심을 분명하게 말해주고 있습니다. 만일 우리가 이러한 가능성을 부인하게 된다면, 우리는 성령을 소멸하는 죄를 다시 범하게 되는 것입니다.

그러나 우리가 좀 더 고려해야 할 문제는 이에 대한 다른 면이 있다는 것입니다. 인도하심은 실제로 있는 일이며, 가능한 것입니다. 이런 점에서 특별한 인도하심을 받은 적이 있는 여러분 중의 많은 사람들은 이에 대하여 하나님께 항상 감사할 뿐만 아니라, 여러분에게 일어났던 가장 놀랍고도 신기한 것 중의 하나로 이에 대하여 두려운 마음으로 회고하고 있음을 나는 확신합니다. 그러나 우리는 그나마 그 일을 무심코 흘려버릴 수가 있습니다. 왜냐하면 이것은 성경 속에서 너무 분명하게 나타남으로, 하나님의 가장 위대한 사람들조차도 습관적으로 성령의 직접적이고 계속적인 인도하심 속에서 살 수가 없기 때문입니다.

나는 여러분에게 좀 더 명확한 문제를 제시해주는 사도 바울 경우를 예로 말하겠습니다. 바울은 교회가 알고 있는 가장 영적인 사람들 중의 한 사람으로서, 성령으로 세례를 받았으며, 성령께서 그에게 임하시기도 하셨으며, 특별한 경우에 성령충만하였습니다. 그러나 바울은 분명히 성령의 즉각적이고 직접적인 인도하심을 끊임없이 받지 못했다는 것이 매우 흥미롭습니다. 바울은 마음과 이성과 하나님께서 그에게 주신 권능을 사용하였으며, 성령께서 그의 마음을 밝히시고 온전케 하셨습니다. 이와 관계된 중요한 구절인 사도행전 16 : 6, 7의 예를 말하겠습니다. "성령이 아시아에서 말씀을 전하지 못하게 하시거늘 브루기아와 갈라디아 땅으로 다녀가 무시아 앞에 이르러 비두니아로 가고자 애쓰되 예수의 영이 허락지 아니하시는지라."

 그러나 중요한 두 구절은 "성령이 아시아에서 말씀을 전하지 못하게 하시거늘"과 "비두니아로 가고자 애쓰되 성령(어떤 사본에는 예수의 영)이 허락지 아니하시는지라"입니다. 우리가 여기에서 도달할 수 있는 유일한 결론은 사도는 아시아에 복음 전파하기로 결심하였으며, 이 일을 하는 것이 그에게 옳은 것처럼 보였다는 것입니다. 그러나 그가 이 일을 하기로 결정하였으나, 성령께서 특별한 방법으로 그를 가지 못하게 하셨습니다. 이것은 그가 아시아로 가기 위하여 특별한 인도 하심을 기다리지 않았다는 것을 보여줍니다. 그는 그 곳에 가기로 결정하였으나, 그것은 어떤 점에선 성령의 뜻이 아니기 때문에 그는 가지 못하게 되었습니다. 그들은 비두니아로 가기로 애썼지만 성령께서 가지 못하도록 하셨습니다.

 이제 여러분은 여기에서 많은 결론을 이끌어 낼 수 있습니다. 그러나 저의 결론은 바울이 이 위대하고 가장 중요한 일인 특별한 인도하심을 기다리지 않았다는 것입니다. 그는 자기의 이성과 오성으로 어떤 결론을 내렸습니다. 그러나 이것이 성령의 뜻이 아니기 때문에, 성령께서 그를 가지 못하도록 막았던 것입니다.

 그런고로 나는 우리가 어떤 사람들이 실제로 현실에서 겪는 모든 일들에 대해 특별하고 즉각적인 인도를 요청하는 것을 본다면 이 원리를 버릴 수도 있습니다. 나는 여러분이 이에 대해 일어나는 의심이 있다고 생각합니다. 여러분은 그들의 이야기 가운데 이것이 나옴을 보게됩니다. 그들은 자기들이 이것 저것을 할 때 '인도받는다'고 말합니다. 나는 때때로 어떤 설교가들도 이 말을 한다는 소문을 듣고 있습니다. 그들은 분명히 이것이 예외적인 영성의 표시가 된다고 여깁니다.

그래서 그들은 "성령께서 나를 말씀으로 인도하신다"고 말함으로 본문을 시작하곤 합니다. 이제 이런 이유로 목회자의 직분으로 소명을 받은 사람은 항상 그 자신이 하나님께 순종해야 하며, 모든 일에 있어서 하나님의 인도하심을 간구해야 합니다. 그리고 난 후 하나님께서 그에게 주신 권능을 사용해야 합니다. 그러나 그는 때때로 어떤 일을 하고자 할 때 저지받기도 하며, 또 다른 때에는 직접적으로 메시지를 받기도 합니다. 그런 경우가 생기면 우선 하나님께 감사하십시오. 그러나 어떤 사람이 항상 인도하심을 기다리거나, 인도하심이 없이는 아무것도 하지 않은 상태나 경우에 빠진다면, 그는 바야흐로 광신주의에 빠지기 직전인 사람입니다.

이것은 다시 교회사에서 충분하게 설명될 수 있습니다. 물론 퀘이커 교도들(The Quakers)은 '내적인 빛'을 강조하기 때문에, 이런 관점에서 보면 특별히 관심을 끌고 있습니다. 그들은 성경을 중요하게 생각하기 보다는 즉각적이고 직접적인 인도하심에 더 강조점을 두기 때문에 사단의 특별한 공격에 대해서 아무런 방비를 할 수가 없습니다. 초창기의 퀘이커 교도들의 이야기를 읽어보면, 그들은 오늘날에는 잊어버리기 쉬운 상황을 제공해 주기 때문에 읽어 볼 가치가 약간 있습니다. 그러나 자세히 관찰해 보십시오. 그러면 여러분이 이것을 읽을 때 조차도 모든 것을 성령의 인도하심으로 돌리는 경향이 많이 나타남을 발견하게 됩니다. 특히 폭스(George Fox)의 생애에서 이것을 발견할 수 있습니다. 그는 확실히 여러 번 직접적인 인도하심을 받았으나, 항상 그런 것은 아니었으며, 그는 스스로 인도하심을 느꼈습니다.

또 다른 이런 유명한 경우와 그런 놀라운 사람의 경우는 크롬웰(Oliver Cromell)을 능가할 사람은 없습니다. 그는 분명히 지금까지 살았던 가장 위대한 영국 사람 중의 한 사람이었습니다. 그는 영적인 사람이었으며, 약간은 이런 경향을 가진 사람입니다. 그는 때때로 국회나 군사평의회(army council)를 하루 이틀 지연시키면서 자신의 의견을 개진하거나 판단하지 않았습니다. 왜냐하면 그는 직접적인 인도하심을 기다리고 있었기 때문입니다. 즉각적이고 직접적인 인도하심을 추구하는 경우에 있어서 크롬웰의 생애보다 흥미있는 것은 아무것도 없을 것입니다.

여러분이 이런 직접적인 인도하심을 한 번 체험하고서, 여러분이 어떤 일반적인 일을 하고자 할 때, 어떤 즉각적인 인도하심을 기다리는 것은 항상 위험이 뒤따릅니다.

나는 두렵고 떨림으로 다음 예화를 언급하고자 합니다. 아직도 나는 내가 말하고 있는 것이 옳다는 것을 확신합니다. 1904~5년 사이에 웨일즈(Wales)지방에서 일어난 부흥의 역사에서 볼 때, 그 부흥의 시기에 하나님께서 중요하게 쓰신 사람이 고(故) 로버츠(Mr. Evan Roberts)씨입니다. 그는 제가 언급하고자 하는 특별한 선을 조금 벗어나는 사람이지만, 그는 성령의 즉각적이고 직접적인 인도하심이 없이는 아무것도 하지 않는 사람입니다. 그는 예배당에서 설교하도록 광고가 되었습니다. 사람들이 거기에 참석하였고, 그도 또한 참석하였습니다. 그러나 그는 의자에 앉아서 아무 말도 하지 않았습니다. 왜냐하면 그는 그 모임에서 설교해야 함에도 불구하고, 성령께서 그를 인도해 주시지 않았기 때문에 단지 참석만 하였다고 말하였습니다. 그래서 그에게 이런 경우가 점점 발전하여서 나중에는 가장 하찮은 결정 조차도 직접적인 인도하심이 없이는 하지 않게 되었습니다. 결국 그는 건강을 해치게 되었으며, 신경쇠약에 걸렸습니다. 결국 그 경우가 이런 특별한 방법을 추구하는 많은 사람에게 나타났습니다.

  나는 이 점을 분명히 해야 한다고 믿습니다. 하나님께서는 우리가 개인적인 인도하심 가운데 나타나는 모든 것의 가치를 감소시키지 못하게 하십니다. 왜냐하면 그렇게 하는 것은 성령을 소멸시키는 것이기 때문입니다. 그렇습니다. 이 일은 실제로 일어날 수 있습니다. 그러나 그 틈을 이용하여 여러분을 성령의 인도하심이 없이는 아무것도 하지 않는 그런 광신적인 죄를 궁극적으로 범하는 방향으로 몰고가지 않도록 조심하십시오. 그리고 당신에게 일어나는 모든 것을 성령의 인도하심으로 생각하지 않도록 유의하시길 바랍니다. 왜냐하면 성령의 탓으로 돌리지 않아야 할 것을 성령의 탓으로 돌리는 경우가 많이 있기 때문입니다.

  여러분에게 스펄젼(Charles Haddon Spurgeon)에 얽힌 유명한 이야기를 하나 말씀 드림으로 나는 이 주제를 끝맺고자 합니다. 왜냐하면 스펄젼에게는 흥미있는 부분이 있기 때문입니다. 나는 여러분을 즐겁게 하기 위해 이 이야기를 하는 것이 아닙니다. 이 위대한 설교가가 선언한 원리를 여러분에게 보여주기 위함입니다. 어느 날 어떤 사람이 스펄젼을 찾아 왔습니다. 그리고 그는 목요일 저녁에 스펄젼의 예배당에서 설교를 하도록 성령께서 자기에게 말씀하셨다고 하였습니다. 그러나 스펄젼이 간단히 대답하길, "음, 무척 재미있는 이야기군요. 하지만 성령께서 나에게는 그렇게 말씀하시지 않았습니다." 그리고 나서 이 사람은 그의 예배당에서 설교하지 못하였습니다. 이 원리는 매우 건전한 것입니다. 이것은 이성과 상식을 필요로 합니다. 만일 성령께서 그 사람으로 하여금 스펄젼의 예배당에서 설교하도록 의도하셨다면, 성령께서 스펄젼에게도 역시 말씀하셨을 것입니다. 왜냐하면 그 곳에서 늘 설교하는 사람은 스펄전씨였으며, 그 날 저녁에도 그가 설교하도록 광고가 되었기 때문입니다.

바꾸어 말하면, 성령을 소멸치 마십시오. 그러나 범사에 헤아려 보십시오. 성령의 인도하심처럼 보이는 모든 것이 성령의 인도하심이라고 추측하지 마십시오. 그러한 것들이 입증될 수 있는 방법과 수단이 있습니다. 항상 최상의 것을 원하는 경건하고 순진한 사람처럼 위험한 경우도 없습니다. 그와 같은 사람은 성령께서 하셨다고 말하는 모든 것을 받아들이고 믿습니다. 왜냐하면 그는 사실이 그렇다고 주장하기 때문입니다.

내가 생각하기에는, 우리는 다음과 같이 생각한다면 진리에서 멀어져 있지 않습니다. 즉 일반적인 인도하심은 성경의 일반적인 가르침과 우리 자신의 재능과 능력을 통해서 우리에게 주어지는 것입니다. 우리가 기독교인이면 성령께서 우리 안에 계시며, 우리를 감동시키시며, 감화시키시며, 우리의 능력을 높이실 것입니다. 그것이 성경의 가르침에 근거한 것이며, 인도하심의 일반적인 방법인 것입니다. 직접적인 인도하심의 방법에 의한 이것을 뛰어 넘는 어떤 것은 예외적인 것이며, 실제로 성경에 좋은 근거가 있기도 합니다. 내가 여러분에게 보여주고자 하는 것은 이런 직접적인 인도하심의 실재가 종종 부정적이고 제한된 만큼, 긍정적이고 현상적이라고 생각되는 것입니다.

왜 인도하심에 대한 이런 여러가지 관심이 필요한가에 대한 질문은 쉬운 것은 아닙니다. 그리고 여러분은 이런 종류의 일을 계속해서 주장하는 사람들을 볼 때 조심해야만 합니다. 또한 여러분은 형제에게 하듯이 그들에게도 똑같이 조심하도록 경고해야만 합니다. 모든 것을 성령의 탓으로 돌리는 경향이 있으므로, 이런 끊임없는 직접적인 인도하심은 우리가 항상 조심스럽게 헤아려 보아야만 합니다.

나는 계속해서 다음 원리를 말하겠습니다. 자아를 탁월하게 하거나 위대하게 하는 어떤 것은 항상 가장 조심해야 할 것임을 명심해야 합니다. 이것은 놀랄 것은 아니지만 얼마나 어려운 것입니까? 하나님의 영광과 우리 주님의 영광을 갈망하며 성령 안에 있는 사람은 악마가 그에게 와서 다음과 같이 이야기하는 것을 느낍니다. "자 너는 하나님을 위해 이 일을 해야만 한다." 그리고 그의 마음은 주로 하나님의 영광에 집중되어 있기 때문에 이런 악마의 유혹의 교묘함을 알지 못합니다. 악마의 유혹은 실제로 그를 망상에 사로잡히게 합니다.

교회사는 이런 점에서 비극으로 점철되어 있습니다. 대부분 가장 경건하고 위대한 사람들이 이단으로 빠지는 경우가 많이 있습니다. 그러나 이런 교묘한 경향은 실제로 나타나고 활기를 띠고 있습니다. 사도 바울은 이에 대해 초대교회에서 끊임없이 경고하고 있습니다. 예를 들면 고린도후서 11장에서 다음과 같이 말합니다. "원컨대 너희는 나의 좀 어리석은 것을 용납하라 청컨데 나를 용납하라 내가 하나님의 열심으로 너희를 위하여 열심 내노니 내가 너희를 정결한 처녀로 한 남편인 그리스도께 드리려고 중매함이로다 뱀이 그 간계로 이와를 미혹케 한 것 같이 너희 마음이 그리스도를 향하는 진실함과 깨끗함에서 떠나 부패할까 두려워하노라." 바로 이것입니다! 사단이 이용한 아담과 이와의 약점은 그들의 교만이었습니다. 물론 교만은 사단 자신의 파멸의 원인이기도 하지만, 사단은 항상 교만을 자기의 가장 큰 무기로 사용합니다.

이제 이것은 분명해졌습니다. 그러나 사람들이 얼마나 늦게 이것을 깨닫는가를 생각해 보면 매우 비극적입니다. 여러분

자신이 희생자가 되었을 때 그것을 알아차리기는 힘듭니다. 역사에서 그 일이 우리에게 분명하게 나타나는 특별한 경우들이 있습니다. 초창기의 퀘이커 교도 중의 한 사람인 내일러(James Naylor)는 하나님의 참 사람이었으나 다음과 같은 점으로 볼 때 그는 사단에게 사로잡힌 사람입니다. 그는 자기가 메시야라고 외치면서 브리스톨(Bristol)시 안으로 말을 타고 들어왔습니다. 그 때에 순진한 여자들과 어린 아이들이 그를 둘러싸며 환호하였습니다. 이런 행동은 나귀를 타고 예루살렘으로 입성하신 예수님을 흉내낸 것입니다. 불쌍한 내일러는 완전히 옆길로 빠지고 만 것입니다. 분명하게도 이 점은 의심할 여지가 없습니다. 그는 이런 행동이 자기를 위한 것이며, 자기를 영화롭게 한 것임을 깨닫지 못하였습니다.

이와 같은 경우가 박스터(Robort Baxter)의 이야기 가운데도 분명히 나타납니다. 그는 불쌍하게도 자신을 자기 나라의 미래를 말하기 위하여 보내진 하나님의 사자로 생각하였습니다. 그는 자기의 메시지를 하나님께로부터 직접 받은 것이라고 생각하였습니다. 그러나 결국 그는 자신에게 어떤 일이 일어났는지 깨닫게 되었습니다.

이제 이 문제의 네번째 위험한 점을 생각해 봅시다. 경험과 관련된 신체적 요소가 종종 두드러질 때 이것이 나타납니다. 이것은 내가 다시 한번 조사해보고 싶은 주제입니다. 내가 '신체적 요소'(Physlcal element)라고 표현한 것은 육체의 감각을 강조하기 위함입니다. 만일 이에 대해 경험이나, 혹은 흥분의 육체적인 면을 많이 이야기한다면, 우리는 항상 최우선으로 의심해 볼 필요가 있습니다. 예를 들면, 여러분은 어떤 사람이 성령 세례를 받았는데 그것은 몸에서 나타나는 짜릿한 느낌과 뜨거움과 빛을 보는 것과 환상과 그와 같은 느낌으로 나타내는 것을 볼 수가 있습니다.

　이런 종류의 일은 병을 치료하는데 나타나는 문제점을 또한 수반합니다. 다시 한 번 말씀드리지만 우리는 악한 영들도 역시 사람을 치료할 수 있다는 것을 명심해야 합니다. 이것은 의심할 여지가 없습니다. 여러분이 성령의 감화하심의 결과로 영적 치료를 받을 수 있는 여러가지 경우가 있는 반면에, 무당이나 강신술자들도 똑같은 결과를 나타낼 수 있다는 것입니다. 만일 여러분이 절름발이가 된 어떤 사람이 갑자기 일어서서, 뛰고, 춤추는 모습을 보여준다면, 무당들도 역시 그러한 것을 보여줄 수가 있습니다. 그러면 우리는 어떻게 그 차이를 말할 수 있습니까? 내가 생각하는 것은 이것이 내가 여러분에게 중요하다고 강조하는 바도 그 점이라는 것입니다. 여러분은 무당이 치료하는 경우에 신체적인 요소를 강조한다는 것을 알 수 있습니다. 사람들은 치료하는 사람의 손에서 나타나는 뜨거움과 짜릿한 느낌과 그와 같은 것을 조사해 봅니다. 왜냐하면 신체적인 것은 항상 사람에게 두드러지게 보이기 때문입니다.

　나는 이런 이유 때문에 이와같은 것을 강조하고 있습니다. 나는 이 문제를 조심스럽게 다루어야 한다는 것을 알고 있습니다. 왜냐하면 여러분은 신약성경에서 이에 대해 상응하는 것이 아무것도 없다면 결코 믿으려 하지 않기 때문입니다. 신약 시대에서 남자들과 여자들이 세례를 받음으로서, 그들은 그들의 가슴속에 넘쳐흐르는 기쁨과 하나님의 사랑을 입증하였습니다. 이것은 수세기를 통해서 하나님의 백성들의 특징이 되었습니다. 그들은 자기들의 신체적인 감정에 대해 많이 이야기하기 보다는 주님과 그들 자신들을 위한 그 분의 사랑과 주님을 위한 자기들의 사랑에 대해 많은 이야기를 하였습니다.

신약성경에서는 치료받은 사람들의 뜨거운 느낌이나 짜릿한 전율 혹은 그와 같은 느낌을 결코 말하고 있지 않습니다. 이런 느낌은 성경에는 결코 없습니다. 그러므로 나는 이것이 성경에 없기 때문에 중요하지 않다고 느낍니다.

그러나 여러분이 아시다시피, 여기에서 악마는 다시 한 번 똑같은 함정에 빠져 들고 있습니다. 그는 항상 만사를 과장하여 구경거리로 만들고, 그리고 나서 그는 사람들에게 신체적인 사소한 일에 관심을 불러 일으킵니다. 신약성경에 나타난 사람들은 신체적으로 아무런 감정을 느끼지 못한 것이 아니라, 무엇을 느꼈다고 말하고 싶습니다. 우리는 잘 알지 못하지만 이것이 전부입니다.

그들이 알고 있는 것은 자신들이 치료받았다는 것이며, 완전하게 되었다는 것이며 모든 것이 잘 되었다는 것입니다. 그래서 그들은 하나님께 영광과 찬송을 돌렸습니다. 그래서 만일 여러분은 어떤 사람이 뜨거운 느낌이나, 그들이 느꼈던 것 혹은 전율, 빛, 환상 등에 대해 항상 말하는 것을 본다면, 그것은 성경의 경우와 다르기 때문에 설사 그것이 잘못되거나 의심할 것은 아니지만 매우 조심할 필요가 있습니다. 이것이 사이비와 참의 다른 점을 나타내는 것입니다.

이제 다른 문제를 생각해 봅시다. 이것은 매우 중요하지만 매우 다른 문제입니다. 이것은 최면술과 연관되는 총체적인 위험입니다. 오늘날 이에 대해 잘 알려져 있기 때문에, 지난 몇 백년 동안 실제로 두드러지게 나타났던 모든 것은, 특별히 심리학자 같은 영역에서, 우리가 알 수 있듯이, 매우 조심할 필요가 있습니다. 성경은 동시대적인 것이며 가장 현대적인 책이라는 것이 다시 입증되고 있습니다. 성경의 저자들은 지금 우리가 알고 있는 과학적인 지식은 알지 못했지만 그들은 과학적 사실들은 인식하고 있었습니다. 성령께서는 모든 것을 아시고 계시며, 신약성경의 언어에서 그분은 우리에게 현대의 술어학이 아니라 그와 동일한 의미를 나타내는 단어 속에서, 가장 현대적인 것들 중의 어떤 것을 조심하라고 말씀하십니다.

최면술은 실제로 존재하며 분명한 것입니다. 이것은 우리가 군중 심리라고 말하는 위험 중의 하나입니다. 히틀러(Hitler)는 최면술로 권력을 잡지는 않았습니다. 그는 과거에 있었던 일로 문제를 잘 예증해 주었습니다. 그는 일종의 최면술을 사용하였는데, 그는 반복적으로 암시를 줌으로서 사람의 마음을 사로잡았습니다. 그의 연설을 들은 사람들은 무슨 일이 일어났는가에 대해 의식하지 못하였는데, 바로 이것이 최면술입니다. 이제 이 현상은 정신적인 영역에까지 들어오게 되었습니다. 우리는 이것을 깨닫지 못하기 때문에 이 문제에 있어서 단지 초보자일 뿐입니다. 전환되어 나타나는 모든 것이 다 전환된 것은 아닙니다.

여러분은 사람들이 많은 사람들로 구성된 고도로 조직된 모임에 열정적으로 앞장 서서 가는 것을 종종 볼 것입니다. 만일 당신이 그들에게 가서 묻기를, "왜 당신은 앞장 서서 갑니까?" 그들은 "잘 모르겠는데요"라고 종종 대답할 것입니다. 그들은 잘 모르겠다고 대답하는 것이 사실입니다. 다른 사람들이 앞장 서서 가는 것을 보고 따라 가고 싶은 충동을 느껴서 따라가게 하는 것이 최면술입니다.

이것은 여러가지 영역에서 예증되어 질 수 있습니다. 정치적인 영역에서, 어떤 정책을 선전하기 위하여 고민하는 사람들이 연설하는 모임에서 종종 이것을 볼 수 있습니다. 이것은 우리가 가장 조심해야 하는 것이며, 확실히 사도 바울이 그의 마음 속에 가졌던 것입니다. 그는 고린도전서 2 : 4에서 말하길, "내 말과 내 전도함이 지혜의 권하는 말로 하지 아니하고 다만 성령의 나타남과 능력으로 하여." 사람들이 지혜로 전하는 말의 위험을 깨달아야 하는 이유가 바로 이것입니다. 여러분은 심리학적인 기교를 사용하는 것을 멀리하여 피해야 합니다. 우리는 이러한 문제들을 읽어서 알고 있습니다. 여러분이 빛을 어둡게하여, 단지 붉은 십자가를 강대상 불빛 위에 둔다면, 무서운 일이 생길지도 모릅니다. 왜냐하면 우리는 이러한 일에 속기 쉬운 사람들이기 때문입니다. 그래서 교회사는 우리에게 다음과 같은 많은 것을 말해 줍니다. 즉 그것은 어떻게 사람들, 때때로 양심적인 사람들이, 여러가지 돈만 바라는 이유 때문에, 그들 자신의 가치없는 목적을 위해 이런 모든 방법을 사용하고, 채택하는가 하는 것입니다.

그러나 내가 언급하기를 꺼려하는 것은 최근에 두드러지게 많이 나타나는 이 문제의 특별한 국면에 관한 것입니다. 이것은 방언의 현상인데, 사람들이 깨닫지 않으면 안되는 것은 이것이 단지 언급되거나 설교되어질 때, 혹은 어떤 모양이나 형태로 제시될 때 나타나는 경향이라는 것입니다. 바로 이 문제에 대한 가장 흥미있는 증거가 있습니다. 여러분 중의 어떤 분은 몇 년 전에 출판된 책인 『이것이 저것이다』(*This is That*)를 기억하실 것입니다. 이 책은 콩고(Congo)에서 일어났던 놀랄만한 부흥을 기록한 것입니다. (덧붙여 말하면, 사람들은 하나님께서 그 당시에 그러한 방법으로 그 사람들을 축복하셨다는 것을 느끼지 않을 수 없을 것입니다. 왜냐하면 그들에게 일어난 사건은 나중에 또 일어나기 마련이기 때문입니다. 정확하게 말하면 이것은 한국에서도 똑같은 방법으로 부흥이 일어났습니다.) 이 책이 말하고자하는 바는 어떻게 그 큰 부흥이 일어 났는가 하는 것입니다. 그러나 이 책은 방언이 언급된 상황을 제외하고는 방언에 대해 아무런 언급도 하지 않고 있습니다. 사람들이 방언에 대해 들어보지 못한 상황에서, 방언은 결코 없습니다. 이 사실은 이 부흥에 가장 열심히 참가하였던 사람 중의 하나인 데이비스(Mr. Ivor Davies)씨에게 내가 확인하였습니다. 그는 방언을 이미 방언에 대해 알고 있는 곳에서만 나타난다는 것을 확신하고 있었습니다.

틀림없이 이에 대해 여러분은 미심쩍은 마음을 갖고 있을 것입니다. 만일 우리가 설교가나 부흥사와 같은 특별한 사람들을 만난 결과로 방언을 할 수 있다고 여기는 사람을 본다면, 우리의 의심은 더 생길 것입니다. 왜냐하면 여러분은 최면술이나 암시적인 효과로 인한 방언의 가능성을 알고 있기 때문입니다.

여러분들이 생각하길, "당신은 왜 이것을 말합니까?" 그러면 나는 여러분이 사도행전을 읽어보면, 사도들이 성령을 받았거나 방언을 하는 다른 사람에게 안수하는 은사를 받았음을 알 수 있기 때문에 그렇게 말하는 것입니다. 그러나 이것은 대체로 사도들에게 제한된 것처럼 보입니다. 그러나 여기에서 예외인 사람인 아나니아(Ananias)가 있습니다. 사도 바울에게로 보냄을 받은 그는 바울에게 안수하여 가로되, "예수께서 너로 다시 보게 하시고 성령으로 충만하게하신다"(행 9:17). 그러나 이 말씀은 안수가 사도들에게 제한된 은사였다는 점을 나에게 확증시켜 줍니다. 아나니아는 특별한 소명을 받았습니다. 그래서 그는 특별히 자신이 해야 할 바를 명령을 받았으며, 그는 그 명령에 순종하였습니다. 그래서 바로 이 예외가 그 규칙을 증명하는 것입니다.

내가 생각하기에는 이것은 토론의 여지가 없습니다. 여러분도 이것을 깨닫기를 바랍니다. 실제로 이 경우가 고린도전서

12장의 가르침이기 때문에, 방언의 은사는 하나님의 주권과 그분의 주되심(Lordship) 가운데 성령께서 친히 주신 것이며, 또한 성령은 은사를 주시는 분이시기 때문에, 그분의 뜻대로 은사를 주실 수도 있고, 거두실 수도 있습니다. 그리고 이 일이 일어난다면, 우리가 알아야 될 분명한 사실은 어떤 특별한 사람이 이것을 암시하거나 가르치는 것이 아니라, 방언이 진실로 성령의 은사라는 것입니다.

그러면 방언이 성령의 은사라면, 왜 콩고에서만 방언이 유일하게 나타나야만 합니까? 방언이 성령의 주권과 은사와 권능 가운데 이루어진 것이라면, 어떤 특별한 지역이나 장소에 국한되어야만 합니까?

이 질문에 대한 대답을 나는 다음과 같이 분명하게 말씀드리겠습니다. 만일 이 특별한 현상이 단지 어떤 암시나 가르침의 결과이거나 혹은 어떤 특별한 사람들의 활동의 결과로 생겨 난다면, 그 때는 여러분이 이 일에 대하여 매우 조심해야 하며 의심해 보아야 합니다. 이 일은 단지 성령의 주권 속에서 그분이 마음대로 주실 수도 있으며, 취소하실 수도 있습니다. 만일 성령세례를 받은 사람이 최면에 의해 방언을 하게 된다면, 방언은 반복되고 또 반복되어, 사람들이 방언하는 것이 놀랄만한 것이 못될 것입니다. 그러나 그들이 하는 것을 보면 금방 의문이 생깁니다. 이것은 나중에 취급해야 할 문제입니다. 그러나 나는 이 순간에 관심을 갖는 것은 우리가 최면술에 대한 경각심을 결코 잊어서는 안된다는 것입니다.

우리는 얼마나 별스러운 창조물입니까! 이것은 지적인 문제는 아닙니다. 여러분은 대단히 지적인 사람이 두려움에 사로잡혀 그들이 잘 속게 되고, 다른 사람들을 잘못 인도하게 되는 것을 봅니다. 우리 모두는 이런 일에 지배당하기 쉽습니다. 그러나 성경은 우리에게 조심하고, 헤아려 보고, 확인하고, 검사하고, 모든 영들을 믿지 않도록 하고, 바로 선택된 그들 자신들 조차도 속이는 가장 교묘하고 뛰어난 방법으로 위장하는 힘이 있다는 것을 명심하라고 말하고 있습니다.

이제 나는 우리의 마음 깊은 곳에서 항상 지켜야 한다고 느끼는 특별한 위험한 문제들에 대한 언급을 끝맺고자 합니다. 다음 단계는 이 문제들에 대해 직접적인 성경의 가르침을 조사해야만 합니다. 나는 우리가 의심의 여지를 남겨 놓지 않았다는 것을 하나님께 감사합니다. 지금 매우 간결하고 분명한 가르침을 주고 있는 특별하고 뚜렷한 시금석이 있습니다. 저는 이것을 폭넓게 다루지는 않겠습니다. 왜냐하면 우리는 "맹목적인" 시금석을 생각해 왔기 때문입니다. 우리는 성경에서 조심해야 할 필요성에 대한 경고를 발견하였습니다. 우리는 마음과 이성을 사용하여 그 경고를 발견하였습니다. 그리고 우리는 교회사와 특별한 사람들의 역사 속에서 설명되어진 경고를 발견하였습니다. 오 하나님, 우리에게 이 문제를 대하여서는 지혜와 균형과 온전함을 주옵소서!

다시 한 번 말씀드리지만, "성령을 소멸치 마십시오." 만사를 제쳐 두는 것은 판별력을 기르는 것이 아니라 성령을 소멸시키는 것입니다. 만일 여러분이 이 특별한 문제에 대해 결론내려서 말하길, "나는 이 문제에 손대지 않겠어. 나는 더 이상 흥미가 없어. 나는 금방 기독교인의 삶을 시작했어"라고 하신다면 친애하는 친구 여러분이여, 이렇게 하는 것은 성령을 소멸케 하는 것이며 두려운 일입니다. 이렇게 해서는 안됩니다. 우리는 성경을 따라야만 합니다. 이러한 일이 가능하도록 우리는 마음을 항상 열어 놓아야만 합니다. 그러나 우리는 모든 영들을 믿어야 하는 것이 아니라 "그 영들이 하나님께 속한 것인가를 헤아려야 합니다." 성경과 그 속에서 실례들을 찾을 수 있음을 하나님께 감사합시다. 교회사에서 우리를 위해 경건한 사람들을 예비하신 하나님께 감사합시다. 그 경고를 명심합시다. 그리고 우리가 양면의 위험을 알기 때문에 겸손함으로 그리스도 안에 있는 순수함을 굳게 잡으십시오. 제가 여러분에게 보여주기를 원하는 바는 이런 모든 문제에 있는 시금석이 바로 이것이라는 것입니다.

제 6 장

예수는 주시다

이제 우리가 지금까지 고찰해 왔던 것을 개괄해 보는 것이 좋을 듯 합니다. 우리는 성령의 은사나 나타남으로서 우리에게 제시된 모든 것을 시험해 보아야 한다는 것을 살펴 보았습니다. 성경 자체가 우리에게 그렇게 하라고 권면하며 "예수는 주(主)시다"는 것을 강조합니다. 기독교인은 단순히 그가 듣는 모든 것을 쉽게 믿어 버리는 사람이 아니라, 그것을 조사하고 시험할 수 있는 자격이 있습니다. 성경은 우리에게 그렇게 해야만 하는 이유를 말하는데, 그것은 거짓된 악령들이 실제로 널리 퍼져있기 때문입니다. 이것은 성경의 대주제입니다. 어떤 점에서 성경은 다양한 방식으로 제시된, 하나님과 마귀 사이의 큰 대립에 대한 기록입니다. 사실 바로 이 대립이 신약성경의 핵심입니다. 초대 교회 역시 바로 이러한 문제에 즉시 직면하게 되었습니다. 마귀는 항상 하나님의 사역을 해치려고 합니다. 그는 첫 사람을 타락시켰으며, 새로운 피조물을 동일하게 유혹합니다. 따라서 기독교인이 된 모든 이들은 즉시 "악한 자" 즉 "형제들의 대적자"의 특별한 공격 대상이 됩니다.

마귀는 그의 일을 수많은 방식들로 수행하는데 그 중에 한 가지는 하나님의 자녀들을 혼란에 빠뜨리는 것입니다. 그는 믿는 자 가운데 성령의 나타남을 최선을 다해 모방함으로 이를 행하며, 이것이 우리가 끊임없이 영들을 "헤아리고 분별하며 시험하라"고 말했던 이유입니다. 그리고 우리는 이성과 지혜를 사용해야 될 것을 살펴보았습니다. 이것들은 하나님으로부터 우리가 부여받았으며 성령께서 예리하게 계발시켜 주시기에, 기독교인은 가장 지적인 인간이 됩니다. 그는 단지 "감상주의자"도 아니고 감정적으로 자신을 "흥분시키는 자"도 아닙니다. 위대한 신약성경의 서신서들은 우리의 이성과 우리의 지혜를 요구하고 있습니다. 우리는 우리의 지성이 성령에 의해 계발되었기 때문에, 이것을 사용할 가치가 있습니다. 자연인의 지성은 여기에서 아무런 도움이 되지 못합니다. 왜냐하면 이는 우리들이 무엇에 관해서 말하고 있는지조차도 이해할 수 없기 때문입니다. 그러나 성령의 부어주심과 조명이 주어지면, 우리는 우리의 이성과 지혜를 사용해야만 합니다. 그리고 우리에게 주어진 것보다도 더 우위에 있는 것은 성경 자체의 명백한 가르침입니다.

이제 저는 성경에서 이끌어 낸 여러 일반 원리들을 제시하고자 합니다. 이 원리들은 이성과 지혜, 그리고—다른 것들만큼이나 매우 중요한—수세기를 통한 교회사입니다. 다행스럽게도, 우리는 이러한 전투에 참여한 최초의 사람들이 아니며, 따라서 성경외에 교회사보다 우리에게 더 많은 도움을 줄 수 있는 것은 없습니다. 우리는 우리와 같은 남자와 여자들이 동일한 상황에서 어떤 반응을 보였는지, 때로는 그들이 어떻게 유혹에 넘어졌는지를 살펴볼 수 있으며 이 모든 일들이 우리가 이해할 수 있도록 쓰여져 있습니다. 그러므로 우리는 우리가 영들을 분별하고 시험해야 하는데에 도달하기 위하여, 이 모든 것을 함께 사용해야만 합니다. "아니오! 나는 과거에 무슨 일이 일어났는지 관심이 없소. 나는 직접적인 성령의 체험에만 관심이 있고, 그 밖의 것은 원치 않습니다"하고 말하는 것보다 위험한 일은 없습니다. 저는 사람들이 이렇게 말하는 것을 들었습니다. 그들은 심지어 성경에 대해서도 관심이 없습니다. 그들은 모든 것을 직접적으로 깨달으려 합니다. 또 다른 사람들은 교회사에 관심이 없습니다. 그들은 필연적으로 어떤 재난 가운데 종말을 맞이할 것입니다.

우리는 이제까지 일반원리들을 살펴보았습니다. 이 원리들은 저에게는 매우 명백한 것으로 보이며, 우리를 시험하는 문제로 이끌어 주었습니다. 이제 우리는 직접적으로 성경 자체의 특별한 가르침에 유의하도록 합시다.

첫번째로 우리가 항상 적용해야 하는 시험은 고린도전서 12 : 3에서 제시되었습니다. "그러므로 내가 너희에게 알게 하노니 하나님의 영으로 말하는 자는 누구든지 예수를 저주할 자라 하지 않고, 또 성령으로 아니하고는 예수를 주시라 할 수 없느니라."

우리는 당장에 가장 궁극적인 질문에 정면으로 맞부딪치게 됩니다. 그리고 사도 바울이 이후의 장들에서 은사의 문제와 고린도 성도들의 오용으로 말미암아 일어났던 혼란에 대해서 다루고 있을 때 이것을 기록하고 있는 것을 보면 흥미롭습니다. 그의 말에 의하면, 여러분이 영적인 은사를 다룰 때 언제나 이것을 첫번째로 제시해야만 합니다.

여러분이 기억하시는 것처럼 요한일서 4장에서 그와 바로 동일한 것을 말합니다. "사랑하는 자들아 영을 다 믿지말고 오직 영들이 하나님께 속하였나 시험하라 많은 거짓 선지자가 세상에 나왔음이니라 하나님의 영은 이것으로 알찌니 곧 예수 그리스도께서 육체로 오신 것을 시인하는 영마다 하나님께 속한 것이요 예수를 시인하지 아니하는 영마다 하나님께 속한 것이 아니니 이것이 곧 적그리스도의 영이니라 오리라 한 말을 너희가 들었거니와 이제 벌써 세상에 있느니라."

이 두 본문은 요한복음 16장에 기록된 것처럼, 우리 주님께서 친히 말씀하신 것을 확증해 주고 있습니다. 여러분은 우리 주님의 사역의 말기에, 그리고 십자가의 죽음을 앞두고서, 주님께서 어떻게 제자들에게 성령과 그의 사역에 관해 가르쳤나를 기억하실 것입니다. 그들은 주께서 그들을 떠나겠다고 말씀하신 것을 들었기에 기가 죽어 있었으며 그들에게 일어날 일에 대해 염려하였습니다. 이것에 대한 답변은 성령께서 오실 것이라는 것입니다. 그리고 우리 주님은 그들에게 성령에 관하여 가르치셨고, 성령이 하실 일에 관해 말씀하셨습니다.

이에 대한 결정적인 말씀은 14절에 있습니다. "그가 내 영광을 나타내리니 내 것을 가지고 너희에게 알리겠음이니라." 이제 이것이 절대적으로 중요한 것입니다. 그리스도께서는 '그가'—성령 그가 올 때에—"내 영광을 나타내리라"고 말씀하십니다. 이것은 성령의 사역이라고 주장하는 어떤 것에 대한 궁극적인 시험입니다. 진정으로 우리 주님은 같은 장에서 더 일찍이 동일한 내용을 말씀하셨습니다. 7절에서 주님이 제자들에게 말씀하시길, "그러나 내가 너희에게 실상을 말하노니 내가 떠나가는 것이 너희에게 유익이라 내가 떠나가지 아니하면 보혜사(The Comforter)가 너희에게로 오시지 아니할 것이요 가면 내가 그를 너희에게로 보내리니 그가 와서 죄에 대하여, 의에 대하여, 심판에 대하여 책망하시리라 죄에 대하여라 함은"—왜?—"저희가 나를 믿지 아니함이요"—언제나 자신을 지적하시면서—"의에 대하여라 함은 내가 아버지께로 가니 너희가 다시 나를 보지 못함이요, 심판에 대하여라

함은 이 세상 임금이 심판을 받았음이니라"라고 하셨습니다. 그리고 그는 십자가에서 죽으심으로 원수를 심판하셨습니다.

그러므로 우리는 성령의 사역에 대한 탁월하고 궁극적인 특성은 항상 주님을 영화롭게 하려는 것이라는 우리 주님이 제시해 주신 위대한 원리를 지니게 되었습니다. 성령은 스스로 말하거나, 심지어 자신에게 관심을 기울이게도 하지 않습니다. 그는 언제나—만약 제가 이러한 표현을 한다면—하나님의 아들에게 조명의 초점을 맞추고 있습니다.

이것이 가장 놀라운 사실입니다. 여러분은 우리 주님 자신이 그가 아버지를 영화롭게 하기 위하여 오셨다는 자신의 사역에 관하여 얼마나 지속적으로 말씀하고 계셨는지를 기억하십니다. 이것을 잊어버린 많은 기독교인들이 있습니다. 또한 성부에 관하여 거의 말하지 않고 성자에 관해서만 이야기하는 복음 전도자들도 있습니다. 반면에 성자 자신은 매우 빈번하게 그가 아버지를 영화롭게 하고, 우리를 아버지께 인도하기 위하여 왔다고 말씀하셨습니다. 이와 동일한 방식으로 사람들은 성령에 대하여 이야기할 뿐, 성령이 성자를 영화롭게 하기 위하여 오셨다는 것을 잊어버린 것처럼 보입니다. 그러므로 이것이 성령의 사역이라 주장되는 어떤 것들에도 적용되어야 하는 모든 시험들 중에 유일한 시험이 되는 것입니다.

이제 이것이 정확히 무엇을 의미할까요? 바울에 의해 고린도교회에, 그리고 요한에 의해 그의 서신서에서 제시된 이 시험은 무엇을 말합니까? 이는 주 예수 그리스도와 그의 위격 (位格)에 관한 진리를 인식하는 것을 의미합니다. "예수는 주시라!"이 얼마나 위대한 고백입니까? 초대 교인들이 순교당한 것은 바로 이 고백에 의해서였습니다. 그들은 "가이사는 주시다"라고 말하기를 강요당했으나, 그들은 결코 그러려고 하지 않았습니다. 예수는 주시며 그분만이 홀로

"주님"이 되십니다.

그를 영화롭게 한다는 것은, 우리가 그의 위격(位格)에 관한 진리를 믿는 것을 의미하며, 그는 진정으로 독생하신 하나님의 아들이십니다. 만일 어떤 이가 주 예수 그리스도의 신성의 독특성과 그의 영원한 아들됨을 믿지 않는다고 한다면 즉, 아버지와의 상호 동등과 동일한 영원성, 그리고 성육신의 위대한 교리를 믿지 않는다면 이 사람은 분명히 그리스도인이 아니며 그 안에 성령을 소유하지 못하였습니다. 그는 아마도 그리스도인이라고 주장할 수도 있고 심지어 이른바 기독교 설교자가 될 수도, 교회에서 탁월한 지위에 오를 수도 있을 것입니다. 그러나 만일 그가 예수가 하나님이신 것을 부인한다면, 그는 성령을 소유하지 못했습니다.

요한이 요한일서 4장에서 제시한 것처럼 "예수 그리스도가 육체로 오신 것"이 근본적인 사실입니다. 역시 그의 본성의 양면이 현저하게 드러난 것을 유의하십시오. 그의 영원한 신성과 그의 육체의 실재를 성육신은 실제적 사건이 아니며, "영광의 주"인 예수는 일종의 실체없는 몸을 취하셨고 따라서 그는 실제적 인간이 아니셨다고 가르쳤던 사람들이 있었습니다. 다른 이들은 예수는 단지 한 인간일 뿐이라고 하였습니다. 그러므로 우리는 "예수는 주"시며 "예수 그리스도는 진실로 육체로 오셨다"는 것을 확증하여야 하며 성령께서도 우리가 그렇게 하도록 도우십니다.

사도 요한의 노년기에 대한 한 가지 이야기가 전해 내려오고 있습니다. 그가 한 공중 목욕탕에 들어가고 있었을 때, 우리 주님의 인성의 실재를 부인한 이단 종파의 한 사람인 셀수스(Celsus)가 거기서 목욕하고 있다는 것을 들었습니다. 그 순간 그는 그곳을 떠났으며 심지어 그러한 사람과 같은 건물에도 있으려 하지 않았습니다. 이런 태도는 물론 정당합니다. 그런 사람을 기독교 교회 안에서 만날 수 있다니 얼마나 기막힌 일입니까! 사람들은 성육신의 실재 혹은, 하나님의 아들의 한 위격 안에 있는 양성 중에 어느 한 가지를 부인합니다.

그런데 성령은 우리에게 그리스도의 사역 뿐 아니라 위격도 이해할 수 있게 하십니다. 성령만이 홀로 우리에게 성찬의 포도주와 떡과 우리가 성례를 지키는 이유와 그 의미가 무엇인지를 이해할 수 있게 하십니다. 사람들은 이것을 부인하고, 그리스도를 평화주의자나 단순히 도덕가로 부르면서 이것을 비웃으며 교묘히 설명해 나갑니다. 그러나 성령은 십자가 위에서 예수께서 우리의 죄와 그들의 허물을 지신 것을 깨달을 수 있도록 사람들을 인도하십니다. "이는 하나님께서 그리스도 안에 계시사 세상을 자기와 화목하게 하시며 저희의 죄를 저희에게 돌리지 아니하시고"(고후 5 : 19). 성령만이 홀로 이러한 것들을 알 수 있도록 인도하시며 이들 중에 어느 한 가지라도 부인하는 것은 기독교가 아니고 기독교인의 메시지도 아니라는 것을 의미합니다.

저는 이 첫번째 시험에 또 다른 것을 덧붙이고자 합니다. 이것은 여러분이 주님에 대한 이러한 것들을 믿을 뿐 아니라, 그에게 주재권을 돌려야 한다는 것을 의미합니다. 이것이 제가, 성령은 그를 영화롭게 한다는 이 문제의 특성을 강조하는 이유입니다. 복음을 따르며 신약성경을 상고하는 자들은 주 예수 그리스도가 여전히 모든 상황을 다스리고 계시다는 것을 점점더 분명히 깨닫게 됩니다. 우리에게 사도들의 행전을 성령의 행전이라고 부르기를 강요하는 어떤 사람들이 있습니다. 그러나 이것은 매우 잘못된 것입니다. 누가 자신이 이 책의 서두에서 이것을 완전히 밝히고 있습니다. "데오빌로여, 내가 먼저 쓴 글에는 무릇 예수의 행하시며 가르치시기를 시작하심부터…." 계속해서 사역하시는 이는 바로 예수이십니다.

거기에서 여러분은 성령의 위대한 활동을 볼 수 있습니다. 그런데 탁월하게 드러나며 사건들을 주관하시는 분은 주 예수 그리스도이십니다. 사도행전은 그의 사역이 계속된 이야기입니다. 성령은 사람들로 하여금 주 예수 그리스도를 영화롭게 하도록 인도하십니다.

셋째로, "예수는 주시다"라는 말은 우리가 우리 자신을 그에게 맡기는 것을 의미합니다. 여러분은 사도가 "성령으로 아니하고는 예수를 주시라 할 수 없느니라"고 말씀하셨을 때, 그가 의미하는 바는 한 사람이 일어나 "예수는 주시다"라고 말하면, 그가 자동적으로 그리스도인이 된다고 생각할지 모릅니다. 그러나 그것을 의미하는 것이 아닙니다. 이것은 매우 뜻깊은 고백입니다. 만약 여러분이 고대 1세기에서 "예수는 주시다"고 말한다면, 그것은 여러분에게 바로 순교를 의미하는 것입니다. 만약 여러분이 유대인이라면, 이것은 여러분이 가족으로부터 추방되고 이름이 족보에서 말살되는 것을 의미합니다. 어떤 사람이 "예수는 주시다"라고 말한다면, 그가 자신의 삶을 예수께 맡기는 것과 교회와 연합하는 것과 때로는 오해와 조롱과 박해에 접하게 된다는 것을 의미합니다. 따라서, "예수는 주시다"라는 고백은 단순히 상투적인 문구를 반복하는 것이 아닙니다. 누구나 그렇게 할 수는 있습니다. 상투적 문구의 공허한 반복은 성령이 그 사람을 인도하고 지도하며, 감동시키고 거주하신다는 것을 의미하지는 않습니다. 이것은 궁극적인 원리로, 자신의 소망과 두려움 그외 모든 것을 예수께 맡겨버리고 십자가를 지고 그를 따르면서 신앙을 받아들일 뿐 아니라, 이에 자신을 위임하는 것을 말합니다.

여기에 첫번째 그리고 가장 중요한 시험이 있는데, 그것은 그들 스스로 그리스도인이라 주장하면서 우리에게 제공하는 많은 것들을 배제하는 시험입니다. 그러므로 이것은 독점적인 시험이며 이러한 관점에서 가장 가치가 있습니다. 저는 일찍이 퀘이커 교도들에 대하여 언급하였으며, 그들은 이 점에 있어 흥미롭습니다. 퀘이커 교도들은 17세기의 다른 청교도인들처럼 완전한 정통 기독교인들로 시작했지만, 그들의 강조점을 점차적으로 내적 광명에 두게 되고 말씀의 가르침을 무시함으로써, 그들의 교리로 말미암아 잘못된 길로 빠지게 되었습니다. 오늘날까지 그들의 대다수가 일신론자이므로 제가 이렇게 단언한다고 해도 그들에게 지나친 것이 결코 아닙니다.

이것은 결코 우연한 일이 아니며 실제 일어난 일의 일종입니다. 사람들은 여러분에게 다가와 매우 영적이며 지극히 도덕적인 사람들의 출현에 관해 말할 것입니다. 그들은 여러분의 국가에서 가장 위대한 박애주의자이거나 훌륭한 일을 많이 한 사람들일 것입니다. 그러나 그것만으로는 충분하지 않습니다. 우리가 알고자 하는 질문은—여기에 우리에게 가장 가치있는 독점적인 시험이 있습니다—이것입니다. 그들이 이 예수에 관하여 무엇이라고 말합니까? 그에 관하여 그들의 고백은 무엇입니까? 예수는 단순히 위대한 스승 혹은 단지 탁월한 신비주의자, 아니면 십자가에서 죽임을 당하고 그의 몸이 상하고 피를 흘림으로 우리를 구원하신, 성육신하신 하나님의 아들입니까? 이것들이 시험들입니다. 만약 여러분이 이것들을 적용해 보면, 흥미로운 결과를 발견할 것입니다.

이 시험은 퀘이커 교도들 뿐 아니라, 현재에 널리 알려진 많은 종파들 그리고 지난 세기들 중에 널리 유행되었던 사람들에게도 적용이 됩니다. 여러분은 이 예비시험이 많은 가치를 지니고 있는 것을 발견할 것입니다. 여러분은 사람들이 여러분에게 다가와 굉장히 유창한 언어로 위대한 이상을 고백하는 것을 보게 될 것입니다. 그들은 여러분에게 병고침의 기적과 놀라운 인도하심 그리고 그외 다양한 일들에 대하여 말할 것입니다. 그 모두는 그리스도인처럼 들릴 것이며, 그들은 성령의 은사의 목록에 열거되어 있는 대부분의 은사들을 받은 것처럼 보일 것입니다. 그것이 기독교의 입장처럼 들릴지 모르지만 거기에 교활함이 깃들어 있습니다. 여러분은 "분별"하고 "시험"해야만 하고 여러분이 적용해야 할 시험은 이것입니다. 그들이 주 예수 그리스도에 관하여 무엇이라고 말합니까? 그들은 아마도 기적을 여러분에게 보이거나 놀라운 체험을 여러분에게 제시할 것입니다. 그들은 사람들에게 그들의 증거를 제시하도록 요구하며 "나는 전에 비참하고 불행했소. 이제 나는 하루종일토록 행복하고 고통이나 문제될 것이 없이 모든 것이 밝고 화려하오"라고 말할 것입니다. 그러나 그것들에 대해 경청하되 오직 한 가지만을 들으려고 귀를 기울이십시오.—주 예수 그리스도께서 들어가실 자리는 어디입니까? 만일 그가 언급된다면, 그는 이 특별한 가르침의 최초의 선포자일 따름입니다. 예를 들어 그리스도는 최초의 그리스도인 과학자, 삶에 대한 바른 가치관, 진실한 과학, 철학, 그리고 지식 등을 지니고 있다고 말합니다. 그는 단지 이것들의 최초의 제안자나, 모범일뿐 그 이상은 아무것도 아닙니다. 그는 하나님의 아들이 아닙니다. 그는 영원하지도 십자가에서 죽으심으로 구원하신 것도 아닙니다. 거기에는 어떠한 속죄도 없습니다.

또 다른 경우에는, 여러분은 그가 전혀 언급되지 않는 것을 발견할 것입니다. 이것은 진실한 것처럼 생각됩니다. 그들은 놀라운 체험 혹은 큰 구원을 맛보았습니다. 그들은 육체적으로 고침을 받았습니다. 여러분은 확실히 이것이 우리가 바라는 바로 그 기독교라고 말할지 모릅니다. 참으로 이것은 교회가 제공하는 것보다 더 낫게 보입니다. 우리는 이러한 일들을 교회에서 발견할 수 없기에 이것이 진정한 기독교로 여겨질 것입니다. 조심 하십시오. 형제들이여, 조심 하십시오! 위대한 첫번째 독점적인 시험을 적용하십시오. 주님에 관하여 그들이 무엇이라고 말합니까? 그는 영원한 하나님의 아들입니까? 그가 그의 피를 흘림으로 구원하셨습니까? 그가 중심적이며, 근본적이며 가장 중요합니까?

그러나 그 모든 것을 고백하고 이 일들에 대해 강조한다고 할지라도, 저는 이제 그 중요한 시험조차도 충분한 것이 아니라고 말해야겠습니다. 여러분은 제가 근본적으로 "독점적인 시험"으로써 이것을 계속하여 언급하는 것을 살펴 보았습니다. 이것으로 충분하지 않기 때문에, 제가 매우 신중하게 그러했습니다. 여러분은 아마도 이 고백에 대해, "만일 어떤 사람이 나에게 찾아와 그가 예수가 주시라는 것을 믿는다고 말하면, 나는 그가 말하고 그가 행한 모든 것을 확실히 받아들여야만 한다"는 의미로써 해석할 것입니다. 여러분은 아마도 그가 "예수는 주시다"라고 말했기에 그는 모든 면에 있어 올바르다고 생각할 것입니다. 그러나 이것은 전혀 논리적인 연관성이 없으며, 그 결과 시험을 위한 모든 필요성이 매우 난해하고 미약하게 되어 버립니다.

제가 무슨 근거에서 이렇게 말하는 것일까요? 이제 제가 저의 증거를 여러분에게 제시하려 합니다. 저는 여기에서는 제 자신의 의견을 말하지 않겠습니다. 하나님께서는 우리 모두가 주의해야 한다는 것을 알고 계십니다. 그러므로 우리는 성경에 귀를 기울입시다. 우리 주님께서 마태복음 24 : 23에서 말씀하신 것을 읽어 보십시오. "그 때에 사람이 너희에게 말하되 보라 그리스도가 여기 있다 혹 저기 있다 하여도 믿지 말라 거짓 그리스도들과 거짓 선지자들이 일어나 큰 표적과 기사를 보이어 할 수만 있으면 택하신 자들도 미혹하게 하리라." 얼마나 놀라운 말씀입니까! 거짓 그리스도들이라니!

사람들은 "그리스도가 여기 있다 혹 저기 있다"라고 말할 것입니다. 그들을 믿지 마십시오. 이 구절들을 다시 읽으십시오! 이것들은 우리의 찬양을 받으실 주님 자신의 말씀들이며 그는 이것이 특별히 "세상의 끝"에 "이 세대의 말"에 실제로 나타날 것이라고 말하셨습니다.

비교할 수 있는 말씀으로 데살로니가후서 2:8, 9을 살펴봅시다. "그 때에 불법한 자가 나타나리니 주 예수께서 그 입의 기운으로 저를 죽이시고 강림하여 나타나심으로 폐하시리라 악한 자의 임함은 사단의 역사를 따라 모든 능력과 표적과 거짓 기적과…." 정확히 동일한 내용이 예언되었고 이 일들로 인하여, 우리는 매우 유의하여 조사해야만 하는 것입니다.

이 모든 경고들은 교회에 주어진 것이지, 세상에 주어진 것은 아닙니다. 이것은 이 모든 일들이 기독교인의 메시지에 의해서 일어나게 될 것을 의미합니다. 다시 한번 고린도후서 11장을 살펴보십시오. 이것은 고린도교회의 큰 문제였습니다. 그들은 다양한 은사들에 관하여 지나치게 열중해서 그들의 균형을 잃어버렸습니다. 그래서 바울은 그들에게 경고를 계속하여 반복하고 있는 것입니다. 그는 이와 같이 시작합니다. "원컨대 너희는 나의 좀 어리석은 것을 용납하라 청컨대 나를 용납하라 내가 하나님의 열심으로 너희를 위하여 열심 내노니 내가 너희를 정결한 처녀로 한 남편인 그리스도께 드리려고 중매함이로다 뱀이 그 간계로 이와를 미혹케 한 것같이 너희 마음이 그리스도를 향하는 진실함과 깨끗함에서 떠나 부패할까 두려워하노라"(고후11:1~3). 여기에 경고가 있습니다. 우리가 그리스도 안에서 이미 어떤 것을 행하고 있는데, 이러한 근본적인 진실함과 깨끗함에서 벗어나는 순간은 지극히 위험합니다.

바울은 같은 장에서 계속해서 이 주제를 다루고 있습니다.

그는 그리스도인 교사로 교회들을 순회하는 어떤 거짓 교사들에 대하여 말하고 있습니다. 이것은 매우 중요합니다. 그들은 기독교 신앙을 부인하는 사람으로서 순회하고 다니는 것이 아니라, 그리스도인 교사로서 그리합니다. 바울은 그들에 대해 "저런 사람들은 거짓 사도요 궤휼의 역군이니 자기를 그리스도의 사도로 가장하는 자들이니라 이것이 이상한 일이 아니라 사단도 자기를 광명의 천사로 가장 하나니 그러므로 사단의 일군들도 자기를 의의 일군으로 가장하는 것이 또한 큰 일이 아니라 저희의 결국은 그 행위대로 되리라"(13~15절)라고 말합니다. 더이상 명백한 것이 있을 수 있을까요? 그들은 그리스도의 사도로서 나타났으나 사실은 거짓 교사들입니다.

그러므로 이 경고는 계속됩니다. 또 다른 것은 우리 주님에 의해 그의 사역의 초기에, 심지어 산상수훈 자체에서도, 우리에게 주어지고 있습니다. 마태복음 7:21~23은 우리에게 이렇게 말씀하십니다. "나더러 주여 주여 하는 자마다 천국에 다 들어갈 것이 아니요 다만 하늘에 계신 내 아버지의 뜻대로 행하는 자라야 들어가리라 그 날에 많은 사람이 나더러 이르되 주여 주여 우리가 주의 이름으로 선지자 노릇하며 주의 이름으로 귀신을 쫓아 내며 주의 이름으로 많은 권능을 행치 아니하였나이까 하리니."―그리고 그는 그들이 이것들을 행하였던 것을 부인하지는 않으면서―"그때에 내가 저희에게 밝히 말하되 내가 너희를 도무지 알지 못하니 불법을 행하는 자들아 내게서 떠나가라 하리라." "주님은 그들이 어떤 놀라운 일을 행했다는 것과 그것을 주의 이름으로 행했다는 것"을 주장했을 때 그들이 권능을 행한 사실을 부인하지 않으셨습니다.

여러분은 이 사실이 우리가 매우 주의해야만 하는 이유라는 것을 아십니다. 여러분은 아마 "예, 맞습니다. 이단 종파에 관해서 이것은 충분히 명백합니다. 우리는 당신의 시험을 적용했더니 우리가 살펴본 신약성경처럼 그들은 우리 주님에 대해 믿지 않았습니다.—참으로 많은 사람들이 심지어 주님을 언급조차 하지 않습니다—따라서 그 시험은 완벽히 확실합니다. 그런데 어떤 사람이 다가와 그가 이것을 주님의 이름으로 행했다고 말한다면 그는 틀림없이 옳을 것입니다"라고 말할지 모릅니다. 그러나 그렇지 않습니다. 이 구절들을 다시 읽으십시오. 형제들이여, 매우 분명하지 않습니까? 사람들이 예수는 주시다라고 "말하는"것으로는 충분하지 않습니다.

저는 여러분에게 제가 말씀드리고 있는 것에 대한 더 많은 증거와 이 시험을 사용해야 할 그 이상의 중요성에 대해 제시하고자 합니다. 왜냐하면 이 악령들도 의외의 고백을 할 수 있도록 하여 우리를 속이기 때문입니다. 마가복음 3 : 11을 읽으십시오. "더러운 귀신들도 어느 때든지 예수를 보면 그 앞에 엎드려 부르짖어 가로되 당신은 하나님의 아들이나이다 하니." 여기에서 악령들이 그들이 희생시킨 사람들 속에서 주 앞에 엎드리어, "당신은 하나님의 아들이시이다"라고 고백하고 있습니다. 그러므로 사람들이 "예수는 주시다"라고 말하는 것만으론 확실히 충분하지 못합니다. 악령들도 그렇게 말할 수 있습니다. 말씀의 기록에 의하면, 우리 주님께서 여기 이 세상에 계셨을 때 그들이 그러했다고 하였습니다. 여러분은 같은 일이 누가복음 4 : 41에 기록된 것을 볼 수 있습니다.— "여러 사람에게서 귀신들이 나가며 소리질러 가로되 당신은 하나님의 아들이니이다 예수께서 꾸짖으사 저희의 말함을 허락지 아니하시니 이는 자기를 그리스도인줄 앎이러라." 이는 야고보가 우리에게, "귀신들도 믿고 떠느니라"(약 2 : 19)를 상기시킨 것과도 같습니다. 그러므로 단순한 정통 신앙의 고백이 행하여진 일이 필연적으로 성령의 사역이라는 보증은 될

제 6 장 예수는 주시다 / 143

수 없습니다.

저는 여러분에게 사도행전으로부터 마지막 한 가지 예를 들고자 하는데, 이는 사도들이 이러한 가르침을 차례로 실행하였던 방식에 관해 보여줍니다. 사도 바울의 사역에서 그가 실라와 빌립보에 있었던 일은 잘 알려진 사건입니다. 사도행전 16：16에서 우리는 이에 관해 읽을 수 있습니다. "우리가 기도하는 곳에 가다가 점하는 귀신들린 여종 하나를 만나니 점으로 그 주인들을 크게 이하게 하는 자라 바울과 우리를 좇아와서 소리질러 가로되 이 사람들은 지극히 높은 하나님의 종으로 구원의 길을 너희에게 전하는 자라 하며." 여러분은 바울이 그가 항상 바라는 것처럼, 이 여자를 즉시 그의 복음주의 모임의 일원으로 받아들였으리라고 기대하십니까? 여기에 명백히 어떤 놀라운 능력에 사로잡힌 여종이 있습니다. 그녀는 날마다, 그들이 가는 곳마다 그들을 지목하며 그들에 대해 이 말을 계속하였습니다. 여러분은 아마도 복음을 선포하는데 얼마나 놀라운 대리자인가라고 생각하실 것입니다. 아니오, 절대로! 18절에서는 "이같이 여러 날을 하는지라 바울이 심히 괴로와하여 돌이켜 그 귀신에게 이르되 예수 그리스도의 이름으로 내가 네게 명하노니 그에게서 나오라 하니 귀신이 즉시 나오니라"고 했습니다.

이제 우리는 다시 한번 역사가 이 모든 것을 어떻게 확증하고 있는지 살펴봅시다. 저는 여러분에게 많은 예증을 들 수 있습니다. 교회사는 바로 이 점에 있어 미혹되었던 수많은 예들로 온통 뒤덮혀 있습니다. 대부분의 이단들은 바로 여기에서 벗어나게 되었습니다. 그리고 대부분의 이상하고 광신적인 운동은 정확히 동일한 방식으로 벗어났고 그러한 혼란의 원인이 되었습니다. 저는 여러분에게 한 가지 예—로버트 박스터—만을 들고자 합니다. 제가 이미 그에 관해 언급했기 때문에, 다시 한번 그를 말하고자 합니다. 물론 동일한 내용이 에드워드 어빙(Edward Irving) 자신이나 함께 예배하곤 하였던 모든 사람들에게도 적용됩니다. 이 사람들은 진정한 그리스도인들이었습니다. 여러분은 로버트 박스터보다 더 정통 기독교인을 바랄 수 없을 것이며, 그의 큰 소망은 주 예수 그리스도의 이름을 존귀케 하려는 것이었습니다. 그것에 관해서는 의심할 여지가 없습니다. 그는 분명하게 고린도전서 12 : 3이나 요한일서 4 : 1~3의 시험에 통과되었습니다. 그는 예수 그리스도께서 육체로 오신 것을 고백하였습니다. 그는 그렇게 하기를 매우 열망하였습니다. 그런데 제가 이미 언급한 것처럼 가엾은 로버트 박스터는 그 안에 거하는 영이, 그가 하나님의 영이라고 생각했었지만, 분명하게 성령이 아니라는 사실을 발견하였으며, 그는 아마도 지독한 운명을 맞이할뻔 하였던 것으로부터 그를 구원하신 하나님께 감사하게 되었습니다.

따라서 여기에 이 문제의 핵심이 있습니다. 비록 우리가 한 가지 시험만을 행하려는 유혹을 받을지라도, 우리는 그것에 의존해서는 안됩니다. 제가 추측하기에는, 우리 모두는 때때로 이렇게 하곤 합니다. 누군가 여러분에게 다가와, 그가 경험했던 확고한 체험을 말하거나, 현재 발생되고 있는 어떤 일에 관하여 보고를 합니다. 여러분은 여러모로 주저하게 되지만 결국 이 사람은 확실히 훌륭한 그리스도인이며 그의 신앙은 온전히 전통적이라고 말합니다. 왜냐하면 우리가 느끼기에, 그는 진실하며 신실하고, 모든 것이 그리스도와 하나님의 영광을 위하는데서 나왔기에 그가 말한 것은 올바른 것임에 틀림없다고 생각하기 때문입니다. 그러므로 여러분은 여러분의 열정을 억누르고 시험하고 분별해야만 합니다. 사실상 여러분은 그렇게 하는 것조차도 거의 잘못된 것이라고 생각하며, 그러한 사람들을 질문하고 의심하는 것조차도 성령을 훼방하고 모독하는 죄를 범하고 있다고 생각할 것입니다. 그런데 제가 확신하고 여러분에게 증명하고자 하는 것은 여러분은 반드시 그러한 사람을 시험해야 한다는 것입니다. "모든 영을 믿지는 마십시오. 다만 영들이 하나님께 속했나 그렇지 않나를 헤아리고 분별하고 시험하십시오." 가장 진실한 사람들 중에 어떤 이들이 가장 심각하게 벗어나 버린 자들이 있는데 이는 그들이 단순히 한 가지 시험만으로는 충분치 않다는 것을 깨닫지 못했기 때문입니다. 여러분이 알다시피, 로버트 박스터 사건에서 그의 마음속에 의심이 일어났을 때 특별히, 그의 아내가 그에게 일어나고 있는 일과 그가 행하고 있는 바에 관하여 그 우려를 표명하고 성경에서 그가 벗어났다고 적정했을 때 그가 지속적으로 줄 수 있는 유일한 답변은 "나는 모르겠어. 그러나 내가 아는 모든 것은 그리스도가 나에게 더욱 실제적이며, 나는 그의 영광에 대해 더욱 관심이 있어. 나는 이제까지 내가 그를 사랑했던 것보다 더 그를 사랑해"라는 것이었습니다. 이것이 모든 것에 대한 해답처럼 느껴집니다. 그러나 그것만으론 충분하지 않습니다. 우리는 계속해서 질문하고 분별하고 시험해야만 합니다.

그러면 이 모든 것들의 조명 아래 우리가 해야만 하는 일은 무엇입니까? 사실, 신약성경 속에 우리가 살펴보아야 할 구체적인 시험들이 있는 것을 하나님께 감사드리십시오. 만일 사도가 단지 "예수는 주시다"라고 말하는 것이 충분하다고 느꼈다면, 그는 고린도전서 12장의 나머지 부분 혹은, 13, 14장을 결코 기록하지 않았을 것입니다. 그는 아마 이것만이 문제이다라고 말했을 것입니다. 그러나 그는 그 이상에 대하여 잘 알고 있었으므로 그는 계속해서 더 상세하게 이 주제를 다루어야만 했습니다. 그리고 저 역시 여러분과 그렇게 하려고 합니다.

제가 이와 같이 행하는 이유는 신학적이나, 학문적인 관심에서가 아니라는 사실을 다시 한번 밝히고 싶습니다. 저는 오직 한 가지에만 관심이 있습니다. 이 순간 우리 마음속에 최우선적이 되어야 할 한 가지 일은, 교회가 형식과 무기력과 무감동에서 벗어나기 위하여 성령의 세례에 대한 기독교회의 요청이라고 생각됩니다. 종교의 대 부흥보다 더 절박한 것은 없습니다. 여러분은 도덕의 타락을 알고 있습니다. 그것을 단순히 비난하는 것만으로는 아무런 소용이 없습니다. 저는 그것이 얼마나 무익한가를 제시하시기를 바랍니다. 요청되는 것은, 말씀에 대한 이 성령의 권능과 기독교회의 정통적인 메시지와 이 메시지에 대한 보증과 거짓으로부터 진실을 가려내는 것과 그 결과 하나님이 이 진리의 말씀에 임재하시는 것입니다. 이것이야말로 궁극적인 필요이며 이것에 열망이 있는 모든 이는 저의 견해로는, 성령 자신의 직접적인 인도하심을 따르고 있는 것입니다.

그러나 우리가 그렇게 하려는 순간 또 다른 영이 들어올 수 있습니다. 그는 어떤 견해를 따라 우리를 지나치게 벗어나도록 강요하거나, 그것을 모방함으로써 이를 망치려고 할 것입니다. 그는 성령의 부차적인 은사와 성령의 세례를 사람들에게 혼란시켜서 둘 모두를 거부하게 하여 대 부흥의 요청을 잊어버리도록 할 것입니다. 이것이 제가 이 문제를 다루고 있는 이유이며 이것은 더 자세히 다루어져야만 합니다. 사도 바울은 매우 바쁜 사람이었으며, 여행자이자, 복음전도자이며 앉아서 연구를 하거나, 교회에 편지를 쓸 시간도 없었습니다. 결코, 그가 편지를 쓰지 않으면 안될 때 외에는, 편지를 쓰지 않았습니다. 그런데 그가 고린도 교회에 관하여 근심하고 염려했던 것입니다. 그는 "내가 하나님의 열심으로 너희를 위하여 열심을 내노니"라고 말하였습니다. 그는 그들 자신과 그들의 오류에서 구하고자 했으며 교회는 그리스도와 하나님의 교회이므로 교회의 명예를 구하고자 했습니다. 즉 말하자면 그는 성부 하나님과 성자와 성령의 명예를 회복시키려고 한 것입니다. 그러므로 우리 역시 동일한 열심에 사로잡혀야 합니다.

이제 제가 이 주제를 여러분들에게 소개하고 그 후에 우리가 계속해서 이것을 살펴보고 자세히 고찰하도록 합시다. 제가 고린도전서 12, 13장 그리고 14장에서 발견한 큰 문제점은 사람들이 특별한 은사의 목록들에 너무 관심이 많아 그 결과 이 장들 전체의 메시지를 상실하는 것입니다. 이것은 나무들을 보고 숲을 잃어버리는 것보다 더 위험한 것입니다. 바꾸어 말하면 여러분이 해야만 하는 첫번째의 것은 이렇게 질문하는 것입니다. 왜 사도가 이 부분을 기록하였습니까? 그의 궁극적인 목적은 무엇입니까? 그가 진실로 행하려고 하는 것은 무엇입니까? 그가 우리에게 방언이나, 병고침에 관하여 말하고 있습니까? 아니오. 그는 그렇지 않습니다. 그가 관심을 기울이는 것은 우리가 이 모든 것들에 바른 관점과 균형을 이루도록 하는 것입니다. 그는 이 장들을 성령의 은사를 연구하도록 쓴 것이 아닙니다. 고린도 교회에서 이 문제에 대해 곤란과 혼란과 심지어 분리가 있었습니다. 사도의 한 가지 목적은 이것을 회복시키고 올바르게 제시하기 위한 것입니다.

그러므로 우리는 은사의 목록들에 지나치게 관심을 기울여서는 안됩니다. 우리는 우선적으로 가장 중요한 원리와 총괄적인 목적을 이해해야 합니다. 여기에서 여러분이 서로서로 다투거나 분리하고 있을 때 그는 이렇게 말하고 있는 것처럼 보입니다. "그러므로 내가 너희에게 알게 하노니 하나님의 영으로 말하는 자는 누구든지 예수를 저주할 자라 하지 않고 또 성령으로 아니하고는 누구든지 예수를 주시라 할 수 없느니라"라는 말씀을 들으십시오. 이것이 그가 진정으로 말하고 있는 것입니다. 그런데 물론, 그는 이것을 지체의 비유를 들어서 해결을 시도하고, 본질적으로 일치하는 이것들에 대해 올바른 균형을 보여줍니다. 그리고 그는 이 모든 것을 주 예수 그리스도의 인격에 초점을 맞추고 있습니다.

   이것은 사도가 자세히 제시하고 있고 우리가 그를 따르는 만큼 우리가 마음속에 간직해야 할 중요한 대원리입니다. 저는 일반적인 방식으로 단지 이 세 장들을 해설하려고 하지는 않습니다. 참으로, 우리가 이 아홉 가지 은사들을 자세히 살펴보고, 각각의 의미하는 것을 말하는 것은 불필요합니다. 저는 만일 우리가 그렇게 하면 사도가 우리를 보호하려고 하는 바로 그러한 오류에 빠질 가능성이 있다고 생각합니다. 핵심적인 원리는, 진정으로 예수를 주님으로 믿는 사람들의 삶에서 이 모든 은사들의 목적과 위치에 관해 균형되고 바른 견해를 갖는 것입니다. 저는 우리가 이 가르침을 따르고 있기에 우리를 둘러싸고 있고 서로 다른 시대에 교회를 혼란스럽게 했던 수많은 위험들로부터 구해질 것이라고 확신합니다. 이 일반 원리로 끝을 맺고 있는 14장 마지막 절을 살펴보십시오. "모든 것을 적당하게 하고 질서대로 하라." 바울이 이 세 장을 쓴 것은 고린도 교회가 영적인 분별력에 있어서 "지나치고 무질서하게" 되었기 때문입니다. 이것이 그가 시정하기를 원하는 오류입니다.

제 7 장

은사를 구함

　성령세례의 주제를 고찰하는 중에, 이제 우리는 영적 은사의 문제를 다루어야 할 시점에 이르렀습니다. 우리가 살펴본 것처럼 성령세례는 본질적으로 증거를 위하여 계획된 것입니다. 우리 주님께서 제자들에게 "너희는 위로부터 능력을 입히울 때까지 이 성에 유하라"(눅 24 : 49)라고 말씀하셨습니다. 그가 그렇게 말씀하신 것은, 그들이 "주님의 증인"이 되도록 하려는 것입니다. 즉, 말하자면 그들은 아직 증인이 되기에는 부적합했습니다. 우리는 이 말씀들이, 주님이 공생애 3년 동안 함께 계셨던 제자들에게 말씀하신 것임을 결코 잊지 맙시다. 그들은 주의 말씀을 들었고, 그가 행하신 기적과 십자가 위에 못박힌 것과 그가 죽어 장사 지낸 바 된 것과 그 후에 그의 몸이 문자 그대로, 무덤에서 부활된 것을 보았습니다. 그의 부활 후에 예루살렘의 다락방에서 그와 함께 있었던 사람들이 있었으며 그는 그들에게 성경을 자세히 풀어 설명하셨습니다. 그런데도 아직 이 사람들에게 주님은 그들이 위로부터 능력을 부여받을 때까지 예루살렘에 머물러 있어야 한다고 말씀하셨습니다. 성령세례의 구체적이고 특별한 목적은, 우리로 하여금 증거하고 증인이 되도록 하기 위한 것이며 이 일을 위한 하나의 방식이 성령의 은사를 주시는 것입니다. 이것이 성령세례의 일반 원리를 다루면서, 이 주제를 고찰해야 하는 이유입니다.

우리는 이미 사람들이 이러한 특별한 은사를 소유하지 않고서도 성령세례를 받을 수 있다는 것을 살펴보았습니다. 이것은 고린도전서 12~14장의 말씀들에서 분명하게 제시되며 오랜 기독교회사에서도 동일하게 입증됩니다. 하나님으로부터 세움을 받고, 성령세례를 받은 사람들이 있습니다.—저는 휫필드나 웨슬리 형제(the Wesley brothers) 그리고 피니(Finney)와 무디(D. L. Moody), 그밖의 사람들에 관해 생각하고 있습니다—그들은 확실하고 분명하게 서로 구별된 체험으로써, 성령의 세례를 받았으나, 그들은 결코 방언을 하거나 기적을 행하지 않았습니다. 이것은 필수적으로 우리가 마음속에 분명하고 명백하게 간직해야 할 사실입니다.

그런데 이것은 현재에 나타남의 은사가 결코 있을 수 없다는 것을 의미하지 않습니다. 우리는 우리가 이것에 대해 마음을 열어야 한다는 것을 살펴보았습니다. 우리는 이 은사들이 사도 시대에만 국한된다고 말하는 사람들에게 동의하지 않습니다. 우리는 동일하게 이 모든 것들이 교회에 언제나 나타나져야 한다고 말하는 사람들에게 역시 동의하지 않습니다. 우리는 이것이 성령의 주권에 속한 영역이라고 말해야 하며, 성령은 확실히 수세기에 걸친 여러 교회 부흥의 시기에 이 주권을 보여 주셨습니다. 성령은 때로 이러한 특별한 은사를 동반하지 않고 말과 언어와 설교의 능력을 주셨습니다.

그런데 어떤 시대나 어떤 순간에도 성령이 그의 주권으로 이러한 은사들을 다시 주시려고 결정하실 수 있기에, 우리는 필수적으로 이것들을 고찰해 보아야만 합니다. 이것이야말로, 우리가 이 문제에 있어, 영적인 주의를 기울여야 할 큰 원인이 있다는 가르침에 정통해야 하는 이유입니다. 우리는 영들을 시험하고 분별하라는 권고를 받았으며, 이제 이것이 우리가 시도하려는 것입니다. 우리는 특별히 성경에 대하여, 우리의 이성과 지혜를 사용함으로 그렇게 해야하며, 우리가 성경을 읽을 때, 성령께서 우리의 마음을 일깨워 주실 것입니다. 우리는 지금까지 모든 것들 중에 가장 중요한 시험은 우리와 찬양받으실 주님에게 자리를 내어드리고 있는 것을 살펴보았습니다.

그러나 우리는 또한 이 시험조차도 본질적으로 그리고 그 자체만으로는 충분치 않다는 것을 살펴보았습니다. 이것은 많은 것들을 배척시키지만, 마귀가 행할 수 있는 다양한 모조품들을 배척하기에는 부족합니다. 그러므로 우리는 이제 위대한 고린도전서 12, 13, 그리고 14장의 가르침을 고찰하여야 합니다. 여러분이 기억하는 것처럼, 바울은 고린도 교회에 편지를 쓴 것이 이 시험에 단순히 만족하기 위해서가 아니라, 오직 한 가지 이유 즉, 이것이 근본이 되었기 때문이라고 말합니다. 교회는 그룹과 분파와 당들로 분리되었습니다. 그들은 육적인 성향을 가진 교회였으며 그들 중에, 심지어 그들의 전도자와 스승들에 따라서 분리되었고—나는 바울에게, 나는 아볼로에게, 나는 게바에게 속하였다면서—다시금 그들이 우상의 제물을 먹느냐, 마느냐에 대하여 분리되었습니다. 이 일들이 분리의 문제들이 되었으며, 특별히 그들은 영적인 은사의 문제로 분쟁하였습니다. 이것이 사도가 그들에게 편지를 보낸 이유입니다. 만일 그들이 이 은사들에 대해 오용하지 않았더라면, 그는 이 문제에 관하여 결코 쓰지 않았을 것입니다. 그러므로 이 논의에서 바울의 모든 의도는 이러한 오류를 바로 잡으려는 것입니다. 고린도 교회에 일어났던 혼란은 그들이 이 영적인 은사들에 대한 지식에서, 균형과 조화의 결핍으로 인하여 고통받고 있다는 사실에 기인합니다.

사도는 매우 경이로운 느낌으로 그들에게 편지를 쓰고 있습니다. 그는 그들에게 악에는 어린아이가 되고 지혜에는 장성한 사람이 되어야 한다고 말합니다. "형제들아 지혜에는 아이가 되지 말고 악에는 어린아이가 되라 지혜에 장성한 사람이 되라"(고전 14 : 20). 그들은 아이들처럼 행동하였으며, 사도는 그들에게 이 문제들에 관하여 바른 지식을 심어주기 위하여 썼던 것입니다.

그러면 바울의 가르침은 무엇입니까? 저는 원리들을 선별하여, 이것을 구체적으로 제시하고자 합니다. 저는 특별한 은사들의 항목으로 나아가고 싶지는 않습니다. 그것은 해야할 바른 일이나 사실상 현재에 있어 근본적인 목적은 아닙니다. 모든 은사들은 전적으로 동일한 한 성령에 의해서 주어지기에, 어떤 한 은사에 적용되는 것은 다른 모든 것에도 적용되기 때문입니다. 따라서 그가 강조하고 있는 만큼—참으로 이것은 그의 주요한 쟁점입니다—우리가 이를 살펴보아야 합니다. 첫번째로 그리고 가장 중요한 원리는 그리스도인의 개인적인 삶과 교회의 삶에 있어서, 이 은사들의 위치와 목적에 관계됩니다. 여기서 사도 바울의 가르침은 이 은사들이 결코 그 자체만으로 귀결되는 문제가 아니라는 것입니다. 절대로! 사람들이 은사들이 그 자체만으로 귀결되는 문제로 보고, 그들 전체의 목적과 의도를 잊어버리는 것은 위험합니다. 우리가 그렇게 하는 순간 은사들을 조화와 균형에서 벗어나게 해버립니다. 이것들은 그들의 위치와 의도와 전체 목적 가운데서 고려되어야 합니다. 이것이야말로 사도가 그들에게 계속하여 강조하고자 하는 것이었습니다.

바꾸어 말하자면, 은사는 결코 중심이 되어서는 안됩니다. 고린도교회에서는 은사가 중심이 되었기에 즉, 무대의 중심을 차지했기에, 사도가 그들을 책망해야만 했습니다. 그는 "너희는 이것을 균형에서 벗어나게 했으며 은사들은 결코 중심을 차지하도록 계획된 것은 아니다"라고 말합니다. 다시말해서, 우리는 끊임없이 은사에 관해서만 이야기해서는 안됩니다. 그들만의 고유한 위치가 있으나 이것이 우리의 대화나, 가르침과 설교의 중심은 결코 아닙니다.

바로 이것이 매우 흥미로운 사실입니다. 신약성경 자체를 살펴보십시오. 그러면 여러분은 신약성경을 주도하는 중심적인 위치는 우리 주 예수 그리스도뿐이라는 것과 모든 것이 그에게 집중되고 있다는 것을 발견할 수밖에 없을 것입니다. 거기에는 이 은사의 문제를 포함하여 다른 많은 부수적인 것들을 가지고 있습니다. 그러나 신약성경의 중심은 은사가 아니라 우리 주님인 것입니다.

다시금 여러분이 교회의 개혁과 부흥의 위대한 시기에, 놀라운 일들이 발생하였고 분명한 현상들이 존재했지만 기적들이 중심이 아니라, 주님 자신이 중심이 되었다는 사실을 발견할 수 있을 것입니다. 이 은사들은 단순히 그리스도에게 집중되어 있습니다. 따라서 우리가 은사들 중에 어떤 하나나, 그들 모두에 관하여 끊임없이 말하거나, 그것들을 우리의 가르침이나 설교의 중심적인 위치에 올려 놓는다면, 우리는 이미 균형과 조화를 상실한 것입니다. 물론 그것들이 분리의 원인이 되거나, 고린도교회에서 그랬던 것처럼 교회를 여러 분파로 나누어지게 한다면, 더욱더 나쁜 것입니다. 바울이 그의 편지를 쓰고 그들을 책망한 것은, 바로 이것 때문입니다. 그러므로 저에게는 성령의 은사에 관하여 운동을 일으킨다는 것은 확실히 비성경적으로 보입니다.

그러나 이 문제를 공정하게 다루어 봅시다. 이것은 단순히 성령의 은사에만 적용되는 문제가 아닙니다. 사람들이 특별한 문제들에 관하여 운동을 일으키는 방식은 저를 무척 놀라게 합니다. 예를 들자면, 저는 신약성경 자체 내에서 성화와 관련된 운동에 대해 어떤 정당성이 부여된다고 볼 수 없습니다. 저는 또한, 단지 예언적 가르침이나 우리 주님의 재림에 관해서만 선포하는 운동에 대해 어떤 정당성이 부여된다고 볼 수 없습니다. 우리는 신앙이나 교리의 어떤 특별한 국면에 관하여, 운동을 일으켜서는 안됩니다. 절대로! 여러분이 그렇게 하는 순간 균형을 잃어 버립니다. 이 모든 것들은 항상 함께 취급되어져야 합니다. 그와 동일하게, 성령의 은사와 관련된 운동은 있을 수 없습니다. 왜냐구요? 이것들은 교회에서 나타나져야 하는데 교회도, 교회의 교리도 그 자체로 완전한 하나이기 때문입니다. 여러분은 기독교인의 삶에서 교리들을 제한해서는 안됩니다.

 이것은 물론, 우리가 다른 많은 영역들에서 증명할 수 있는 것입니다. 지나친 전문화는 항상 위험합니다. 그 한 가지 예로 가치있는 것이 현대 의학에서 일어나고 있는 것으로 보이며 이것은 매우 위험한 일입니다. 어떤 이들은 흉부를 전문적으로 한정하고 있으며 또 다른 이들은 오직 복부의 상태만을 알고 있습니다. 이것은 매우 위험합니다. 왜냐하면 여러분이 흉부에 질병이 걸렸을 때 여러분의 고통은 복부의 영역에서 일어날 수가 있기 때문입니다. 이것들은 한 몸에 속한 여러 지체들이기에 여러분은 그와 같이 분리시켜서는 안됩니다. 이것은 기독교 가르침의 다양한 양상 혹은 삶의 다양한 국면과 개인에 있어 성령의 능력은 이와 정확히 동일합니다. 여러분이 모든 관심을 이 은사에 집중함으로써, 이것을 따로 분리시켜서 특별한 지위를 부여하는 순간, 여러분은 이미 신약성경의 균형과 조화를 상실해 버립니다. 그러므로 저는 한 개인이나 다수가 항상 다른 어떤 것은 전혀 말하지 않으면서 은사에 대해서만 말하고, 설교하고 가르친다면, 그들은 이미 고린도 교회의 상황에 빠졌다고 말할 수 있습니다.

이것은 은사 자체가 잘못되었다는 것이 아니라 은사에 대한 이 태도가 잘못되었다는 것이며, 이 사람들은 이미 신약성경을 거스리는 상황에 빠져 있다는 것을 의미합니다. 그들은 고린도 교회가 그랬던 것처럼 이 은사들에 너무 열중해 있습니다. 여러분이 이 장들을 읽을 때 긴장과 홍분을 느낄 수 있는 것은, 전 교회가 이 문제에 관하여 사도 바울이 그들을 책망하고 균형된 바른 사고로 돌려놓기 위하여, 사랑장인 위대한 13장을 기록해야만 했던 상황에 있기 때문입니다.

또 다른 분명한 점은 그들이 은사에 관하여 어떤 점에서는 자제가 부족하였고, 수많은 무질서와 혼란을 가져오는 범죄에 빠졌다는 것입니다. 바울은 "모든 것을 적당하게 하고 질서대로 하라"고 강조합니다. 그들은 매우 자제력이 부족하여 바울은 그들에게 "그러므로 온 교회가 함께 모여 다 방언으로 말하면 무식한 자들이나 믿지 아니하는 자들이 들어와서 너희를 미쳤다 하지 아니하겠느냐"(고전 14 : 23)라고 말해야만 했습니다. 만일 교회가 이방인에게 미친 사람으로 구성되었다는 인상을 준다면, 교회는 우리 주께서 교회를 통해서 이루시려 했던 바와 반대로 행하고 있는 것입니다. 그들이 올바르게 이 은사들을 판단하지 못했기에, 거기에는 큰 혼란이 있었습니다. 은사가 모든 것이 되어 버렸으며 그들 모두는 그들이 은사를 가지고 있다는 것을 과시하고자 했는데 특별히 그들 모두가 동시에 그렇게 했습니다. 따라서 이방인이 들어와 모든 이들이 동시에 방언으로 말하는 것을 듣고 "이들은 미쳤어!"라고 말했을 것입니다.

그들에게 일어났던 또 다른 놀라운 일은 이 은사에 관하여 서로 경쟁하려는 마음이 있었다는 것입니다. 이것이 12장 중간

부분의 요지입니다. 바울은 "몸은 한 지체뿐 아니요 여럿이니 만일 발이 이르되 나는 손이 아니니 몸에 붙지 아니하였다 할찌라도 이로 인하여 몸에 붙지 아니한 것이 아니요"(14절)라고 쓰고 있습니다. 여러분은 은사들이 서로 다르다는 것을 아십니다. 바울은 아홉 가지 은사들을 열거하며, 그들 중에 어떤 것은 다른 것들보다 좀 특별합니다. 그들은 전체의 주제를 조화에서 벗어나게 했기 때문에 그들은 서로서로 시기했으며 더 나은 은사를 가지고 있는 사람들은 다른 이들을 멸시하는 경향이 있었으며, 그 결과 전 교회는 혼란 가운데 있었던 것입니다. 고린도 교회는 철저하게 자제가 부족했을 뿐 아니라, 서로에 관해서 문자 그대로 시기심으로 가득 찼습니다. 따라서 교회의 전체 상황은 가장 불행하고 가장 불운한 것이었습니다.

이 경쟁 의식은 은사를 "과시"하는 경향으로 인도했습니다. 그리스도인의 삶은 매우 놀랍고 새로운 삶입니다. 그러나 우리는 여전히 육체 가운데 있어 아직은 온전하지 못합니다. 여전히 남아있는 결점들이 있고, 하나님의 사역을 전복시키려고 하는 마귀 곧 대적자가 존재하고 있습니다. 이 은사들이 주어질 때, 마귀가 다가와 우리들에게 이것들을 잘못된 방식으로 판단하도록 하기 때문에, 우리는 스스로를 과시하여 은사를 드러내기 시작합니다.

저는 이 은사들에 대하여 더이상 확대할 필요가 없다고 생각합니다. 고린도 교인들의 상황은 항상 중요성을 지니고 있습니다. 예를 들어 제가 때로 지적했던 것처럼 기도모임에 있어 그들의 경우는 중요합니다. 이상적인 기도회는 거의 모든 사람이 참여하는 모임입니다. 그러나 때로 어떤 사람들은 너무 길게 기도하여 다른 사람들을 위한 시간을 남겨두지 않습니다. 그런데 바울은 여기에서 우리는 서로에 관해 배려를 해야 하며 과시하지 말라고 가르치고 있습니다. 고린도 교인들은 그렇게 행함으로 잘못을 저질렀으며, 이것은 항상 가만히 기어들어 오는 위험들 중에 하나입니다.

이제 마지막으로 사도가 강조하는 중요한 것은 은사들을 바른 순서로 배열하는 것입니다. 의심할 여지가 없이 고린도 교회의 주된 문제는 방언의 은사가 너무 탁월한 지위를 얻고 있다는 것입니다. 이것은 이 세 장의 주된 공격의 대상이 되었습니다. 바울은 항상 방언을 은사의 목록의 마지막에 위치하도록 하였습니다.

우리가 이를 분명하게 해봅시다. 바울은 매우 구체적으로 "방언 말하기를 금하지 말라"고 말합니다. 우리는 그렇게 해서는 안됩니다. 그러나 그가 "방언을 첫번째로 생각하지 말라. 교회의 모든 생활을 방언을 말하는 것으로 독점하지 말라. 왜냐하면 그것이 방언의 올바른 위치가 아니기 때문이다"라고 동일하게 말하고 있는 것이 또한 분명합니다. 그는 "더욱 큰 은사를 사모하라—14장에서 뒤에 첨가하여—사랑을 따라 구하라 신령한 것을 사모하되 특별히 예언을 하려고 하라"라고 말합니다. 방언에 대하여 예언의 중요성을 제시하면서 동시에 예언과 방언의 적당한 장점에 대해 가르쳐 줍니다. 참으로 14장 전체는 방언은 그것에 관해 언급해야 할 유일한 것이 결코 될 수 없다는 것을 증명하려고 쓰여졌습니다. 방언은 모든 사람이 사모해야 할 유일한 것이 아니며, 모든 관심을 독점해야만 하는 것도 아닙니다. 그는 이것을 책망하고 있습니다. 은사들은 올바른 순서로 놓여져야 합니다. 방언의 은사는 매우 독특하고 흥분되는 것이며, 바로 이것이 마귀가 그의 기회를 엿보고 있는 이유입니다. 그는 사람들로 하여금 균형과 조화를 상실하게 하여, 결과적으로 방언이 중심을 차지하게 됩니다. 그래서는 안됩니다. 이것은 항상 목록 중에서 마지막에 위치하고 있기에 은사들 중에 가장 낮은 것으로 보입니다. 이것은 하나의 영적인 은사입니다. 따라서 바울은 "나는 너희가 다 방언 말하기를 원한다"라고 말합니다. 분명히 그들 모두가 다 방언을 말하지는 못했습니다. 그렇지 않으면 그는 이렇게 말하지 않았을 것입니다. 그는 자신이 방언을 하는 것과 그것으로 인하여 하나님께 감사한다고 말합니다. 그런데 그는 방언의 바른 위치와 순서를 유지하고 있습니다. 바울은 "교회에서… 깨달은 마음으로 다섯마디 말하는 것이 일만마디 방언으로 말하는 것보다 나으니라"고 말합니다.

그러므로 우리는 이 은사들이 오용되는 방식을 살펴보게 됩니다. 사람들은 주님을 영화롭게 하기 위함이라는 이 은사들의 목적과 의도와 위치를 잊어버립니다. 이것은 미래에도 계속해서 잊어버릴 것입니다. 그들은 은사 자체에만 머물러서 "이것은 놀랍지 않는가, 굉장하지 않는가?"라고 말합니다. 그러나 어디에 주님이 있으며, 나의 형제여, 어디에 그분이 있습니까? 이 모든 것들은 주님을 영화롭게 하기 위해서 의도된 것입니다! 어떻게 우리가 사도들에 의해 제시된 모범과 예증을, 그렇게도 자주 잊어버릴 수가 있습니까?

사도행전 3장에서 베드로와 요한이 기도시간에 성전에 올라갔을 때 일어난 위대한 사건을 살펴보십시오. 그들은 매일 성전 미문에 놓여진 앉은뱅이를 보고서 그를 고칠 수 있었습니다. 그는 그의 생애 동안 걸어보지 못했던 사람이었으며, 베드로는 그에게 "은과 금은 내게 없거니와 내게 있는 것으로 네게 주노니 곧 나사렛 예수 그리스도의 이름으로 걸으라"라고 말했습니다. 실제적인 기적을 행하는 중에도 베드로는 신중하게 그 중심에 우리 주님을 올려 놓습니다. 그는 이 은사를 받았으며, 이것은 실제로 행해진 기적의 은사였습니다. 그러나 사도가 기적을 수행하는 방식을 살펴보십시오.

베드로가 함께 모였던 군중에게 말씀을 전파할 때의 일은 더욱 흥미롭습니다. 그들은 경이와 놀라움으로 가득찼습니다. "베드로가 이것을 보고 백성에게 말하되 이스라엘 사람들아 왜 기이히 여기느냐 우리 개인의 권능과 경건으로 이 사람을 걷게 한 것처럼 왜 우리를 주목하느냐." 그는 자신을 중심에 올려 놓으려 하거나, 자신을 주목하게 하려는 의도가 없었습니다. 그는 "아브라함과 이삭과 야곱의 하나님 곧 우리 조상의 하나님이 그 종 예수를 영화롭게 하였느니라…… 그 이름을 믿으므로 그 이름이 너희 보고 아는 이 사람을 성하게 하였나니 예수로 말미암아 난 믿음이 너희 모든 사람 앞에서 이같이 완전히 낫게 하였느니라"고 말합니다. 베드로는 계속해서 예수 그리스도를 전파합니다. 그가 은사를 나타냈을 때 그는 은사들에 대하여 전파하지 않았습니다. 은사의 목적은 주님에게 관심을 불러 일으키기 위한 것입니다. 여러분은 은사를 중단하지 말아야 합니다. 또한 그것에 관심을 집중해서도 안됩니다. 여러분은 항상 은사에 관하여 가르치거나 설교해서는 안됩니다. 여러분은 예수만을 전파하십시오! 여러분은 주님이 행하신 것과 주가 성령을 보내신 것과 그 성령이 때에 따라 은사를 줄 수도 그렇지 않을 수도 있다는 것을 가르치십시오.

여러분은 은사집회를 찾지 마십시오. 만약 여러분이 그렇다면, 여러분은 주님에 관해서는 거의 말하지 않고 있는 것을 발견하게 될 것입니다. 주님이 중심이고 필수이며 모든 것을 압도하지 않는 어떠한 가르침이나 설교도 이미 잘못된 것입니다. 그러한 종류의 가르침은 항상 고통과 마침내는, 재난으로 인도합니다. 우리는 이것이 어빙주의 운동에서 일어났던 것임을 잊지맙시다. 이 모든 것과 대조되는 것은 항상 교회사에서 위대한 부흥으로 특징지워지는 능력있는 설교에 있습니다. 그들은 예수 그리스도를 구원자와 주로서 선포하였습니다. 그는 모든 설교의 중심이었습니다. 이러한 강조는 심지어, 우리가 가지고 있는 찬송가 속에 위대한 찬송들에서도 반영됩니다. 이들은 항상 주님에 집중되어 있습니다. 그리고 우리가 이 모든 은사들의 목적은 그를 영화롭게 하기 위한 것임을 인식하기를 그치자마자—우리가 그것을 잊는 순간—우리는 이미 잘못된 것입니다.

은사의 두번째 목적은 복음적입니다. 사도는 이것을 매우 분명히 나타냅니다. 예를 들어, 방언에 관하여 사도는 "그러므로 방언은 믿는 자들을 위하지 않고 믿지 아니하는 자들을 위하는 표적이나 …"(고전 14 : 22)라고 말합니다.—그리고 이것은 사도행전에서 분명히 입증되고 있습니다. 우리는 복음적 능력에 의하여 성령운동이라고 주장하는 것들에 대해 시험해 보아야 합니다.

그것에 오히려 음흉한 흉계가 있기에 이것은 매우 중요합니다. 성경과 뒤따르는 교회사에 기록된 모든 위대한 성령운동은 언제나 대복음운동이었습니다. 물론 부흥은 교회에서 시작하지만 거기서 끝난 것은 아닙니다. 하나님의 뜻은 당신의 백성을 부흥시키는 것이며, 이 부흥된 사람들을 통하여 하나님의 능력이 그들의 설교와 증거와 증언 가운데, 그리고 그들의 삶의 전 영역에서 드러나는 것입니다.

이것이 진정한 성령운동의 특징입니다.—이는 항상 널리 영향을 미쳤습니다. 반면에 모방된 운동의 경향은 작고 내적인 운동이라는 것입니다. 거기에는 매우 작은 집단이 형성되고, 그들은 그들사이에서만 놀라운 체험을 나눌 뿐, 다른 어느 누구도 어떠한 혜택을 누릴 수 없습니다. 이것은 물론, 항상 분파적인 성향이 있으며 외부로 뻗어 나가지 못하는 내적인 성향이 있습니다. 그러나 성령의 사역의 큰 특징은 일관성있게 복음적인 결과라는 것입니다.

순서에 유의하십시오. 성령운동은 교회에서 시작해야 합니다. 교회는 주님을 견고하게 확증하고 증거하기 위해서 능력을 부여받습니다. 성령은 우리가 우리 안에 놀라운 체험이나 경이로운 느낌을 갖기 위해서 혹은 심지어 우리에게 있는 심리적인 문제나 다른 문제를 해결해 주기 위해서 주어진 것은 아닙니다. 이것은 확실히 성령의 사역의 일부이지만 일차적인 목적은 아닙니다. 일차적인 목적은 주님을 알게 하려는데 있습니다. 그러므로 여러분은 성령운동이라고 주장하는 어떤 것도 판단할 수 있는 권리가 있습니다.―저는 여기에서 성령과 관련된 조직적인 운동에 대해서나, 성령에 대하여 가르치려는 것에 관해서 말하고 싶지는 않습니다― 저는 성령의 사역 곧, 성령자신의 운동에 관해서 말하고 있는 것입니다. 여러분은 이것에 이러한 필수적이고 복음적인 시험을 적용함으로써, 시험할 수 있는 자격이 있습니다.

바꾸어 말하자면, 여러분이 아시다시피 그러한 성령운동은 전 교회에 영향을 미칠 것입니다. 이는 전 교회로 하여금 발전하게 하며, 단순히 체험과 흥분에 관심있는 사람들이나, 항상 작은 모임에서 겉돌고 있는 사람들을 끌어 모으는 것만은 아닙니다. 그것은 분리의 원인이 될 뿐이지만, 이 운동은 더 포괄적으로 일어나게 됩니다.

제가 강조하려는 그 다음 목적은 사도가 이 은사들이 우리에게 유익함을 주려는 것이라고 말했을 때 나타난 것입니다. "각 사람에게 성령의 나타남을 주심은 유익하게 하려 하심이라"(고전 12 : 7). 이것은 가장 중요한 점입니다. 은사는 각 사람에게 뿐아니라 전 교회를 유익하게 하려는 것입니다. 저는 고린도전서 14 : 12을 여러분에게 제시하려고 합니다. "그러면 너희도 신령한 것을 사모하는 자인즉 교회의 덕을 세우기 위하여 풍성하기를 구하라." 이제 여기에 사도가 제시한 위대한 법칙이 있습니다. 거기에는 언제나 덕과 유익이 있어야만 합니다. 우리가 이것을 상실하는 순간 다시 한번 우리는 벗어나게 됩니다.

물론, 마귀는 수세기 동안 언제나 사람들을 시험했듯이, 우리를 시험하여 단지 현상과 체험에만 관심을 갖도록 할 것입니다. 우리 모두는 육체 가운데 있어, 확신과 보증을 갖기를 열망합니다. 우리가 단순히 특별한 감동이나 체험에 관심을 기울이고 내적인 성향을 지녀서 그 결과 유익을 위함이라는 사실을 잊어버리는 것은 위험한 일입니다. 분명히 어떤 이들은 그들의 정신이 계발되거나, 그들의 지식에 유익이 되기 때문이 아니라, 전율을(thrill) 원하고 어떤 특별한 것을 느끼기 원하기 때문에 모임에 참여합니다.

이것은 성령세례의 교리에 관련된 것뿐 아니라, 모든 교회의 예배에도 적용이 됩니다. 여러분은 어떤 감정이나 흥분 혹은 스릴을 기대하면서 이 집회에서 저 집회로 찾아다니는 사람들로 가득찬 대부흥집회에 관하여 잘 알고 계십니다. 그들은 그러한 것만을 관심을 갖기 때문에, 성장하지도 유익이 되지도 그들의 지혜가 자라지도 않습니다. 그들이 원하는 모든 것은 흥분된 체험입니다. 사도의 가르침은 이러한 태도가 분명히 잘못된 것을 보여줍니다. "각 사람에게 나타남을 주심은 유익하게 하려 하심"이며, 항상 교회의 덕을 세우려는 것입니다.

이제 저는 두번째 주제로 들어섰습니다. 이것은 다시 한번 필수적이며 중요한 것임을 밝혀드립니다.—이것은 우리가 은사를 구하는 의도와 관련됩니다. 사도는 "너희는 더욱 큰 은사를 사모하라"(고전 12 : 31)라고 말합니다. 그런데 바로 이 순간에 대적자는 더욱 기습을 가하여 쳐들어 오는 경향이 있습니다. 이것에 관해 분명히 해봅시다. 우리는 매우 열정적으로 은사를 구하고 사모하라는 권면을 받습니다. 그러나 여기에 위험이 도사리고 있는 것입니다. 은사를 구하는데 잘못된 의도도 있습니다. 저는 이제 이것들 중 몇 가지를 소개하고자 합니다. 첫번째로 가장 중요한 것은 은사를 구하는 마음입니다. 만일 우리가 이것을 교회의 덕을 세우기보다는 이기적인 동기나 단순히 우리 자신을 높이려는 욕망으로 구한다면 우리는 이미 잘못 되었습니다.

우리는 우리 자신에게 이 첫번째 질문을 함으로써 시작해야만 합니다. "나는 왜 이 은사를 사모하는가? 나의 동기와 목적은 무엇인가?" 그러면 여러분은 이것이 여러분에게 도움을 주는 것을 발견할 수 있을 것입니다. 여러분은 이것을 흥분되는 체험이나 스릴을 맛보기 위하여 구합니까? 여러분은 이미 잘못되었습니다. 성령은 주 예수 그리스도를 영화롭게 하기 위하여 보내심을 받았다는 것을 우리는 결코 잊어서는 안됩니다. 우리의 동기는 주를 더욱 알아가는 것과 그에게 영광과 찬양을 돌리도록 사역하기 위한 것이어야만 합니다.

여러분의 동기를 담사했으므로 저는, 최근에 제가 읽은 어떤 가르침을 들고자 합니다. 성령세례를 받는 가장 **빠른** 방식은 방언을 받는 것이라는 가르침이 널리 퍼져 있습니다. 그들은 "만일 여러분이 성령세례를 원한다면 방언부터 시작하십시오. 그러면 분명히 여러분을 성령세례로 인도할 것입니다"라고 말합니다. 이것은 결코 믿을 수 없습니다. 왜냐하면 이 말은 방언의 은사도 성령의 나타남의 하나이라는 신약성경의 전 가르침을 정면으로 거부하는 것이기 때문입니다. 따라서 여러분은 방언으로 시작해서 성령으로 가는 것이 아닙니다. 오히려, 성령을 여러분이 소유했다면 방언의 은사는 그것에 대한 하나의 증거가 됩니다. 이것은 물론, 지나친 열심이며 사람들이 자신의 방식으로 끌어들이려는 것입니다.

신약성경에 무엇이라고 기록되었습니까? 사도와 120여 성도는 다락방에 함께 모여 기도했으며 성령이 그들에게 임하시자 그들이 방언을 말하기 시작했습니다. 그들은 먼저 성령세례를 받았고 그 후에 방언을 시작했습니다. 그리고 이것은 성경의 다른 예들도 모두 동일합니다. 그러나 새로운 가르침은 방언부터 시작한다고 말하며 방언은 가장 쉽고 간단한 방식이라고 말합니다. 방언을 통하여 여러분이 성령의 세례에 도달할 수 있다는 것입니다. 사실, 더 이상 말할 필요가 없습니다! 이것은 성경에 대한 이해의 부족이요, 육신이 개입하여 우리가 성령 자신만이 하실 수 있는 일을 하려고 시도하는 것입니다.

저는 이것을 더욱 분명하게 제시하고 싶습니다. 저에게 있어서는, 우리 스스로 성령의 은사를 산출하거나 유발시키는 것보다 더 위험하고 잘못된 것은 없다고 생각됩니다. 다시 한번, 사람들이 이러한 문제들을 벗어난다는 사실을 믿고 싶지도 않을 정도입니다. 그러나 사람들은 항상 그렇게 하는 경향이 있으며, 이것은 현재에 광범위하게 일어나고 있습니다. 그들의 가르침은 성령이 자신의 사역을 할수 있도록 도와주려는 시도입니다. 그런데 성경은 성령이 우리에게 주어졌으며 부활하신 주님이 우리를 성령으로 세례를 주신다고 가르칩니다. 하나님께서 세례요한에게 "성령이 내려서 누구 위에든지 머무는 것을 보거든 그가 곧 성령으로 세례를 주는 이인 줄 알라"라고 하셨습니다.

그리고 다른 어떤 이도 아닌 주님 홀로 그렇게 하셨습니다. 주님은 어떤 협력을 필요로하지 않고 성령 또한 우리의 어떠한 도움도 필요로 하지 않습니다. 여러분이 성령을 도우려는 순간, 여러분은 이미 어려움을 자처하고 있는 것입니다.

예를 들어, 사람이 성령세례를 받을 수 있는 방식에 관하여, 현재에 잘 알려진 가르침을 취해보십시오. 여기 우리네 그리스도인들은, 주님을 영화롭게 하고 증거하기 위하여 하나님께서 우리에게 주셔야만 하는 최상의 것과 성령세례를 받기를 열망합니다. 그런데 우리가 이것을 받지 못했다고 느낄 때 우리는 어떡하면 좋겠습니까? 우리는 "아주 간단합니다. 성령세례를 받기를 원합니까? 여러분에게 필요한 모든 것은 집회 후에 남아 있으면 됩니다"라는 말을 듣습니다. 그러면 여러분은 의자에 앉아 할 수 있는 한 긴장을 풀고 여러분의 몸을 편안하게 합니다. 그후에 우리는 우리 주님이 다락방에서 "숨을 내쉬며" 성령을 제자들에게 불어 넣으셨다는 것과 "성령을 받으라"고 말씀하셨다는 것을 듣습니다. 이제 이 가르침의 다음 단계는 다음과 같습니다. "이제 주님이 숨을 내쉬며 성령을 불어 넣으신 것을 기억하십시오. 성령세례를 받기를 원하십니까? 자 이것이 여러분이 해야하는 모든 것입니다. — 이렇게 이완된 상태에서, 깊게 호흡하십시오. 그러면 여러분이 그렇게 하는 동안 여러분은 성령의 세례를 받고 있는 것입니다. 그러므로 내쉬고, 깊게 들이 마시고… 계속해서 그렇게 하십시오. 여러분이 그렇게 하는 동안 여러분은 성령을 여러분 속에 호흡하고 있는 것입니다."

실제로 이것이 가르쳐졌습니다! 신약성경의 어디에서 이것과 일치하는 것을 발견할 수 있습니까? 나의 사랑하는 형제들이여, 이것은 단순한 심리학적 가르침이며 암시작용일 뿐입니다. 이것은 전형적인 심리학적 방식이며, 여러분도 심리학자들이 이것을 증명하기 위하여, 텔레비전에서 인도하고 있는 것을 보았을 것입니다. 세상이 조롱하는 가운데, 비난자들이 기독교에 대한 그들의 공격을 할 수 있는 근거는 바로 이러한 종류의 그리스도인들의 가르침에 있습니다. 그러나 저는 여기에서 이 가르침이 단순히 비성경적일 뿐 아니라, 이보다 더 나쁜 것은 생각할 수도 없는 순전히 육신적인 것임을 밝히고 싶습니다. 여러분은, 긴장을 풀고 깊게 호흡하라거나 어떤 것을 행하라는 것을 들었던 사람을 신약성경 어디에서 발견했습니까? 그렇지 않습니다. 여러분이 발견하는 것은 그리스도인들이 함께 모여, 하나님께 기도할 때, 갑자기 성령이 그들에게 임하셨다는 것입니다. 고넬료의 집안 사람들이 앉아서 베드로의 설교를 들을 때, 성령이 그들에게 임하셨습니다. 에베소에서 바울이 그들에게 안수하자 그들에게 은사가 주어졌습니다. 이것은 심리학일 뿐입니다. 그런데 이 가르침을 따르는 순진한 사람들이 있으며 그들은 자신들이 성령세례를 받고 있는 것이라는 분별없이 추측합니다. 그들은 결코 그렇지 않습니다. 그들은 다른 사람에게 최면에 걸리거나 자신들을 최면을 시키고 있고 혹은, 정신착란의 상태에 빠져있는 것입니다. 제가 이미 일렀듯이 강신술이 할 수 있는 것처럼, 심리학적 조건은 이런 현상들을 산출해 낼 수 있습니다. 여러분이 성령을 돕기 위하여 어떤 것을 행하기 시작하는 순간, 여러분은 이미 기독교인의 삶에서 열 수 있는 어떤 것보다 가장 위험한 문을 열어버린 것입니다.

    저는 또다른 동일한 예증을 들려고 합니다. 어떤 사람이 저에게 찾아와 그가 기도하는 동안 성령이 갑자기 임해서 그가 자신 밖으로 들어 올려져서 자신이 이상한 방언을 말하고 있는 것을 발견했다는, 그의 삶에서 특별한 경험에 관하여 말했을 때, 만일 그가 이것은 그에게 다시는 일어나지 않았다거나, 이것은 매우 희귀하게만 일어났다고 말한다면, 저는 기꺼이 그를 믿고 받아들일 각오가 되어 있습니다. 저는 그것을 진실한 체험으로써 받아들일 것입니다.

    그러나 제가 그와 같은 어떤 것에 대해 읽을 때(저는 가끔 여러 저널들에서 그러한 것을 읽습니다) 저는 전적으로 다른 입장에 서게 됩니다. 이것이 그들의 가르침입니다. 방언을 말하고자 합니까? "좋아요. 여러분이 해야할 것은 이것입니다. 여러분의 턱과 혀를 맡기고 움직여 보십시오." 형제들이여, 이것은 웃기는 문제가 아니라 매우 진지한 것입니다. 그들은 계속해서 "그러면 소리를 내기 시작하십시오. 어떤 종류의 소리든지 지각이나 의미가 그 안에 있든지 없든지 상관이 없습니다. 여러분에게 그 자체로 주어진 어떠한 소리든지 내십시오. 그리고 이것을 계속 하십시오. 만일 여러분이 이것을 계속해서 하신다면 여러분은 스스로가 방언을 하고 있는 것을 발견할 것입니다"라고 말합니다. 이에 대한 단순한 답변은 여러분은 아마 그러할 수 있을 것입니다. 그러나 이것은 성령과 결코 관계가 없습니다. 저는 이렇게 말하는 것을 주저하지 않습니다. 우리가 이렇게 해야만 한다는 어떤 암시라도 신약성경에 있습니까? 신약성경에서 일어난 것은 사람이 성령세례를 받고서, 자신이 방언을 말하고 있는 것을 발견했다는 것입니다. 방언은 분명히 성령의 은사이며, 성령은 능력이 충만한 분입니다. 그는 여러분의 도움을 필요로 하지 않습니다. 그러나 심리학에서는 필요로 합니다. 만약 여러분이 최면에 걸리기를 원한다면, 여러분은 자신을 포기하고 내던지며, 자율적인 방식으로 움직이도록 하고, 여러분이 하라고 들은 것처럼 해야만 합니다. 이것이야말로 정확히 이 사람들이 가르치고 있는 것입니다.

저는 그들의 동기에 관해서는 의심하지 않습니다. 저는 그들은 정직하고 그들의 동기는 선하다는 것을 압니다. 제가 말하고 있는 것은 그들은 단순히 비성경적일 뿐 아니라, 아마도 그들 자신을 심리학자들의 손외에도 심지어 악령들의 손에 맡기고 있다는 것입니다. 여러분은 결코 어떤 것도 행해서는 안됩니다. 성령은 이 은사들을 "그 뜻대로 각 사람에게" 나누어 주십니다. 사도는 "이 모든 일은 같은 한 성령이

행하사 그 뜻대로 각 사람에게 나눠 주시느니라"(고전 12 :
11). 만일 제가 누군가에게 선물을 주려 한다면, 저는 그에게
어떤 도움도 원하지 않습니다. 그런데 이것을―마치 성령은
결정할 수도 본질적으로 그리고, 그 스스로 행할 수도 없다는
듯이―사람들이 행하도록 가르침을 받고있는 것입니다. 성령
은 여러분의 도움이 필요 없습니다! 여러분이 은사를 유발
시키려고 시도하려는 순간, 여러분은 심리학적으로 시도하고
있는 것입니다. 참으로 제가 이미 말했듯이 여러분들은 아마도
악령들에게 자신을 넘겨주고 있는 것입니다. 이것은 정확히
그러한 일에 연관된 "영매자들"(mediums)이 된 사람들에게
일어났던 것과 같습니다. 그들은 단지 그들 자신을 넘겨주고
악령들에 의해 쓰임을 받았습니다. 이것보다 더 위험한 일은
없습니다. 그런데 저를 놀라게 하는 것은 어떻게 그리스도인이
그러한 가르침을 믿을 수 있는가 하는 점입니다. 이것이 신
약성경의 어디에 있습니까? 전혀 없습니다! 신약성경에 의
하면 방언은 성령의 은사이며 성령의 주권에 속한 것입니다.
우리는 이것을 전적으로 그에게 맡겨야 하며, 이것을 유발하
거나, 산출하거나 돕기 위해서 어떠한 것도 우리 스스로 행
해서는 안됩니다.

저는 여러분에게 극단적인 형태에 대해 상술하고 있는데
이는 이러한 방식이 현재 널리 가르쳐지고 있기 때문입니다.
그들이 손뼉을 치며 합창이나 찬양을 반복함으로써 흥분을
불러 일으키려고 하는 집회들이 있습니다. 이 모든 것은 순
전히 심리학적이며 불필요한 것입니다. 절대로! 신약성경의
뜻과는 정확히 반대됩니다. 이 뜻은 성령에게 나아가서 성령
에게 이것을 구하는 것입니다. 성령은 수여자이십니다. 다른
어떤 것도 행하지 마십시오. 저의 형제들이여, 성령은 우리의
도움이나 심리학적인 협력을 필요로 하지 않습니다. 그는 우

리가 불빛을 줄이거나, 설교단 위에 조명된 십자가를 내거는 것을 필요로 하지 않습니다. 그는 우리의 모든 찬양이나 예비적 행위들, 그리고 감정에서 유발된 것들의 도움을 필요로 하지 않습니다.

저는 지금 성령세례에 관하여서만 말하고 있는 것이 아니라, 대중적인 복음전도에 관해서도 또한 생각하고 있습니다. 만일 성령이 주님이라면—진실로 그는 주님이십니다—그는 이러한 도움들을 필요로 하지 않으며 결과를 얻어내기 위해 성령을 도우려는 어떤 것도 신약성경에 반대됩니다. 사도는 "내 말과 내 전도함이 지혜의 권하는 말로 하지 아니하고 다만 성령의 나타남과 능력으로 하여"라고 말합니다. 그에게 가십시오! 그에게 말하십시오! 이것이 신약 시대에 그들이 행하였던 것이며, 뒤따르는 교회사의 가장 위대한 시기에 그들이 행해 왔던 것입니다.

이것에 대해 마치고자 합니다. 사도 바울에 따르면 무엇보다 좋은 방식은 그가 고린도전서 13장에서 개괄적으로 말한 방식입니다. 12장의 마지막 절을 살펴보십시오. "너희는 더욱 큰 은사를 사모하라 내가 또한 제일 좋은 길을 너희에게 보이리라." 성경의 어떤 구절도 바로 이것만큼 더 자주 오용되고 잘못 해석된 것은 없습니다. 일반적으로 성령을 소멸하는 자들이 이것을 사용하여 이렇게 말합니다. "그러나 내가 제일 좋은 길을 너희에게 보이리라 너희는 은사에 대해 말하거나 관심을 갖지 말라. 은사는 괜찮은 것이다. 그러나 별로 필요가 없다. 은혜에 충만하라." 그들은 이 구절의 흠정역 성경에 그들의 가르침에 기초를 두고 있기 때문에, 이와 같이 해석합니다. 그런데 이것은 올바르지 못합니다. 흠정역 성경은 "그러나 내가 제일 좋은 길을 너희에게 보이리라"고 말하나, 그렇게 번역해야 할 아무런 권리를 가지고 있지 않습니다.

원문에는 비교급은 전혀 나타나 있지 않습니다. 이것이 번역되어야 할 방식은 "또한 내가 한 좋은 길을 너희에게 보이리라." 이것이 전부입니다. 여러분이 이렇게 번역할 수도 있습니다. "게다가 내가 좋은 것을 따라 한 길을 보이리라."

  이것을 통해 바울이 무엇을 말하려고 했을까요? 저는 차알스 핫지(Charles Hodge)가 이것을 이렇게 해석한 것에 동의합니다. "너희는 더욱 큰 은사를 사모하라 내가 또한 은사들을 얻기 위하여 지극히 좋은 길을 너희에게 보이리라." 여러분이 아시다시피, 이것은 은사들을 멸시하고 약화시키는 것이라고 말하는 사람들과 정확히 반대됩니다. 이것은 그것을 의미할 수가 없습니다. 왜냐하면 사도가 14장 서두에서 주제를 다시 채택하기 때문입니다. 그는 "사랑을 따라 구하라 그리고 신령한 것을 사모하라"라고 말합니다. 그는 영적인 은사와 은혜를 대조하지 않습니다. 아니오. 절대로! 그는 "만일 여러분이 진정으로 은사를 원한다면, 은혜를 구하라"고 말합니다. 은사를 얻는 최상의 방식은 주님의 사랑을 구하는 것입니다. 주님의 사랑을 여러분에게, 여러분의 사랑을 주님에게 돌리는 것입니다. 만일 여러분이 이 사랑으로 충만하면 여러분은 더 큰 은사를 얻을 수 있는 가능성이 있습니다. 이것은 은사를 얻는 지극히 좋은 길입니다.

  의심할 여지 없이, 이것은 신약성경의 가르침이며 수세기를 통하여 온 성도들의 방식이었습니다. 은사를 직접적으로 구하지 말며 간접적으로 구하십시오. 그를 구하십시오! 그의 사랑을 구하십시오! 그의 영광을 구하십시오! 그에 대한 지식을 구하십시오! 그를 입증하고 증거하기 위한 권능을 구하십시오! 그에 대한 사랑으로 충만하십시오. 그러면 여러분은 은사를 얻을 것입니다. 만약 여러분이 그렇게 하지 않는다면, 여러분에게 일어나는 것은 이렇게 될 것입니다. 여러분은 사람의 방언과 천사의 말을 할 수도 있으나, 여러분이 사랑이 없으므로 "소리나는 구리와 울리는 꽹과리"가 될 것입니다. 이것은 여러분이 방언을 말할 수 있으나, 아무런 가치가 없다는 것을 의미한다는 것을 기억하십시오. "내가 예언하는 능이 있어 모든 비밀과 모든 지식을 알고." 여러분은 이것을 직접적으로 구해왔습니다. "또 산을 옮길만한 모든 믿음이 있을찌라도 사랑이 없으면 내가 아무것도 아니요." 이것은 결코 유익이 되지 못합니다.

바꾸어 말하면 처방은—그를 구하십시오! 그의 사랑을, 그의 생명을, 여러분의 존재의 근원인 그를 알기를, 그에 대한 사랑으로 충만하기를 구하십시오. 그러면 여러분은 은사를 받을 것입니다. 은사들에 관하여 항상 말하지 마십시오. 은사들에 관한 집회를 갖지 마십시오. 절대로! 주님에 관한 집회를 가지십시오! 그의 관해서 선포하십시오! 그의 신격의 영광과 신적인 구원과 그가 행하신 모든 것을 선포하십시오. 그를 선포하십시오! 그를 구하십시오! 그를 사랑하십시오! 그러면 그는 여러분에게 은사를 주어 그의 증인이 되게 하며 그의 영광을 찬양할 수 있게 하실 것입니다.

우리는 이것에 관해 여기에서 마치려 합니다. 그러나 여러분도 아시다시피, 이 문제들은 가장 필수적이고 시급한 중요성을 지니고 있습니다. 사랑하는 형제들이여, 균형을 유지하십시오. 여러분의 사고에서 조화를 유지하십시오. 무엇보다 은사를 얻기 위한 열망속에서 여러분 자신을 심리학자들이나 다른 악령들에게 넘겨주지 않도록 경계하십시오. 왜냐하면 악령들이 부활하신 주님께서 보내신 성령의 이 귀중한 은사들조차도 모방할 수 있기 때문입니다. 하나님께서 이 문제에 관하여 우리 모두에게 지혜의 영과 지식의 영을 주시길 간구합니다.

제 8 장

방언을 통제함

우리는 바울이 은사의 목적과 의도가 다른 무엇보다도 주님을 영화롭게 하려는 것임을 강조하는 것을 살펴보았습니다. 성령 자신은 자신에게 관심을 기울이기보다는 항상 주님을 지적함으로 주 예수를 영화롭게 하기 위하여 보내심을 받았습니다. 우리는 이것을 우리 마음의 중심에 계속해서 간직하고 있어야만 합니다. 또한 우리가 살펴본 것으로, 사도가 제시한 그 다음 문제는 -그는 이것에 가장 관심을 기울였습니다- 균형과 질서에 대한 모든 것이었습니다. 마지막으로 우리는 간략하게, 우리가 이 은사들을 구하는 방식에 관해서 고찰했습니다. 바울은 우리에게 "더욱 큰 은사를 사모하라"고 말합니다. 그런데 우리는 확실히 거짓되고 자동적이며 심리학적인 방식들이 있다는 것을 살펴보았습니다. 사람들은 이것을 시행하려 할 수 있습니다. 그 결과 그들 자신을 고통에 빠지게 하며 궁극적으로는, 은사에 관한 모든 교훈의 평판을 떨어뜨려 버립니다.

여러분은 사도가 그러한 것처럼 은사에 대한 이 모든 문제를 계속해서 살펴보아야 합니다. 고린도전서 12~14장에서 그가 가장 현저하게 주목하고 있는 것은 소위 "방언을 말함"이라는 전체 문제에 있습니다. 왜냐하면 이것은 확실히 고린도 교회의 주요한 분쟁의 원인이 되었으며 혼란을 가져오는 핵심이 되었습니다. 이 세 장의 의도는 실제로 방언의 문제를 올바른 위치에 올려놓고 이것에 관하여 고린도 교인들에게 합당한 조화를 이루게 하려는 것입니다. 그들은 방언에 최고의 가치를 부여하고 이것에 관하여 항상 이야기하고, 모두가 은사를 소유하고 있는 것을 보이려고 시도하였습니다. 따라서 사도가 언급한 대로, 무질서가 교회 생활에 들어오게 된 것입니다.

이것이 사도가 그의 마음속에 간직하고 있는 중요한 목적이라는 것을 전혀 의심할 여지가 없습니다. 그가 이것을 계속해서 반복하고 있기 때문입니다. 확실히 14장 전체는 이 한 가지 문제를 위해 할애되고 있으며, 그가 이것을 다루는 방식을 살펴보는 것은 흥미롭습니다. 그가 제시한 두 가지 은사의 목록들에서 그는 신중하게 방언을 마지막에 제시하고 있는데, 이는 고린도 교인들이 이것을 가장 첫번째로 여기기 때문입니다. 이것이 그가 고린도 교인들을 올바르게 인도하는 방식입니다. 그 후에 그는 이것을 여러번에 걸쳐 반복하는 방식에서 벗어나, 예언이 이 은사보다 더 크다는 것과 이것은 그들이 구해야만 하는 것이라는 것을 보여줍니다. 바꾸어 말해, 그는 예언의 은사와 방언을 대조함으로 방언을 다루면서, 고린도 교인들이 이 방언에 부여하고 있는 지나친 중요성은 전적으로 잘못된 것을 보여줍니다.

우리는 방언을 여기에서 다루고 있는데 이는 성경을 해석하는 것이 우리의 의무이기 때문입니다. 만일 어떤 사람이 이순간, "나는 방언의 은사나 고린도전서 12~14장에 대해 관심이 없습니다"라고 말한다면, 저는 여러분에게 여러분과 논의하기를 원하는 것이 방언의 은사가 아니라, 여러분의 모든 성경관이라는 것을 말해야겠습니다. 어떤 이가 성경의 일부분을 제거한다면 몹시 통탄할 만한 범죄입니다. 성경 전체를 해석하는 것은 그리스도인으로서 우리 모두의 사명입니다. 만일 우리가 그렇게 하도록 노력하지 않는다면, 우리는 몹시도 가련한 그리스도인들입니다. 그 뿐 아니라, 우리는 동시에 필연적으로 성령을 소멸하게 되고, 단지 우리의 고정되고, 자기 만족적이며, 독선적인, 일종의 형식화된 기독교로 나아가기를 열망하고 있는 것입니다. 제가 이것을 말하는 것은 사람들이 심판 때에 하나님 앞에 서서 그들 자신들과 그들의 성장과 발전을 위해 주셨던 하나님의 말씀에 얼마나 주의를 기울였는가를 포함하여, 자신들을 해명해야 하기 때문입니다. 이것이 우리가 이 문제를 고려하는 주요한 이유입니다.

이 모든 문제를 고찰하는 다른 합당한 이유는 이것이 금세기에 현저하게 받아들여지고 있기 때문입니다. 방언을 말하는 것과 관련된 운동이 1906년 미국과 영국의 몇 지역에서 일어나게 되었습니다. 이 운동은 오순절주의 운동이라고 알려지게 되었습니다. 여기에서 우리가 운동의 역사에 관해 더 살펴볼 필요는 없습니다. 그러나 이 오순절주의(Pentecostalism)운동은 이제껏 다른 어떤 것보다도 현저한 관심을 불러 일으켰으므로, 우리가 이것에 대해 알아야 할 의무가 있습니다. 최근에 이에 대한 관심이 또 한번 일어났는데 역시 미국에서 시작하여 영국과 그외의 나라들로 크게 확산되었습니다. 현재에 훌륭하고 탁월한 기독교인들 중에 방언을 말하는 모든 문제에 무척이나 흥미를 가지고 있는 사람들이 있습니다. 그러므로 우리의 사명은 우리가 이에 관하여 어떤 태도를 가져야 할른지를 알기 위하여 성경의 가르침을 상고해야 합니다.

셋째로, 그리고 마지막으로 제가 이 은사에 관심을 기울이는 이유는 확실히 성령의 은사들 중에서 이 은사만큼, 신자들에게 오해되고 오용될 여지가 있는 것은 없기 때문입니다. 바로 이것이 고린도전서의 이 장들 전체의 요점입니다. 저는 왜 이것이 그렇게 되어야 하는지 잘 알 수가 없습니다. 아마도 가장 쉽게 나눠지는 은사이기 때문이며, 가장 낮은 은사이기 때문에 당연할 수도 있습니다. 고린도 교회의 문제는 그들 모두가 방언을 말하기를 원했던 것이며, 실제로 많은 이들이 동시에 그렇게 했습니다. 이와 같이 방언은 자기를 선전하게 하고 이기심을 촉진시키게 하는 경향이 있습니다.

그런데 그리스도인의 삶 가운데 놀라운 일은 우리가 거듭 났다는 것입니다.—그러나 우리는 아직 완전하지는 못합니다. 이것이 우리가 미혹되기 쉽고 우리 영혼의 대적인, 원수의 공격에 귀를 기울일 수 있는 이유입니다. 이것이 신약의 서신서들이 계속해서 나타내져야 하는 이유입니다. 왜냐하면 기독교인들이 이러한 다양한 방식으로 미혹되고 있기 때문입니다. 따라서 저는, 방언보다 더 오용되기 쉬운 은사는 없으며, 우리 존재의 육신적인 영역에 이끌리기 쉽고, 지나치게 오용하게 하는 것은 아무것도 없다고 말합니다. 확실히 어떤 성령의 은사도 이 특별한 은사보다 마귀가 다양한 형태로 모방하는데 적당한 것은 없다고 말할 수 있습니다.

저는 제가 이미 강신술사가 방언을 하는 것이 분명히 가능하다는 것을 여러분에게 상기시켰던 것이 생각납니다.—여기에는 어떠한 의심할 만한 여지도 없습니다. 이에 대한 보고가 끊임없이 계속되고 있습니다. 이뿐 아니라, 사람들은 심리학적인 어떤 상황과 조건아래서 강신술사의 영향아래서 방언을 할 수 있게 되었습니다. 저는 한 평신도 지도자가 생각납니다. 그는 분명히 귀신이 들렸지만, 방언을 말하는 어떤 소녀의 상태로 인하여 상당히 혼란을 겪고있는 중에 저를 찾아왔습니다. 이 일들은 확실한 사실입니다. 그러므로 이것을 인하여 우리는 우리가 이 주제에 접근하고 있는 것처럼 특별한 주의를 기울여야만 합니다. 따라서, 제가 이미 여러분에게 제시했던 방침을 따라야 합니다. 우리는 두 가지 극단을 피해야만 하며, 그중에 한 가지는 모든 것을 잊어버리고, 심지어 방언을 고려하는 것조차도 거부하는 것입니다. 저는 최근에 읽었던 어떤 것에 대해 놀라움을 금치 못했습니다.―어떤 기독교인들이 소책자와 논문집을 발간했는데 그들 중에 한 저자가 "오늘날 모든 방언은 마귀로부터 나온 것이다"라는 것을 주저하지 않고 말하였습니다. 어떻게 그가 감히 그런 말을 할 수 있다니, 저는 도저히 이해할 수 없습니다. 절대로! 우리는 우리가 말하는 모든 것에 매우 주의해야 하며 이 문제에 대해 개방되어 있어야 합니다. 사도는 우리에게 "그런즉 방언 말하기를 금하지 말라"(고전 14 : 39)라고 말합니다. 우리는 이것이 오직 초대교회에만 국한된다는 논쟁을 이미 다루었습니다. 일단 여러분이 그러한 노선을 따른 다면, 신약성경이 실제적으로 여러분에게 말하는 것은 전혀 없을 것입니다. 그리고, 여러분은 신약성경은 모두 초대 교회를 위한 것이라고 말해야만 할 것입니다. 그러나 분명히 이것은 그렇지 않고 우리를 위한 것입니다.

   따라서 우리는 성령이 이 은사를 어떤 개인들에게 주시는 것이 항상 가능하다고 말함으로 시작해야 합니다. 그래서 우리가 어떤 사건의 보고를 들을 때면, 이를 무시하거나 비난해서는 안됩니다. 우리는 이를 조사해 봐야 합니다. 성령의 주권 가운데, 그는 어느 시대라도 이 은사들 중에 어떤 것을 줄 수가 있습니다. 우리는, 그러므로 개방되어 있어야 합니다. 그러나 우리가 이미 예증을 들었던 것과 같은 이유로, 우리는 또한 항상 신중하고 주의깊게 "범사에 헤아려" 오직 "좋은 것을 취하"여야 합니다.

   그러면 방언에 관한 성경의 가르침은 무엇입니까? 서두에서, 방언은 성령으로 말미암은 세례의 일관된 부수물이 아니었습니다. 제가 이와 같이 말하는 것은 수년 동안 그리고 오늘날에도 여전히 방언은 항상 성령세례의 최초의 증거라고 가르치는 경향이 있어왔기 때문입니다. 그들은 계속해서 여러분이 방언을 할 수 없다면, 성령세례를 받지 못했다고 말합니다. 이제 저는 이것을 전적으로 잘못된 것이라고 주장합니다. 고린도전서 12：30에서 사도는 "다 병고치는 은사를 가진 자겠느냐, 다 방언을 말하는 자겠느냐"라고 묻습니다. 그는 고린도전서 14：5에서 다시 한번 "나는 너희가 방언 말하기를 원하나 특별히 예언하기를 원하노라"라고 말합니다. 그리고 그가 그들 모두가 방언 말하기를 원한다고 말할 때, 그는 분명하게 그들 모두가 방언을 말하는 것은 아니라는 것을 말하고 있는 것입니다. 저에게는 이 정도면 본질적이고 그 자체로 충분하다고 생각됩니다.

그런데 이에 첨가하여 또 다른 큰 증거가 있습니다. 우리가 일반적인 성령세례를 다루고 있었을 때, 저는 교회에 지금까지 알려진 가장 위대하고 덕망있는 사람들, 위대한 설교자들과 복음전도자들에 대한 많은 예증을 여러분들에게 제시했습니다. 그들은 그들의 회심 이후에 전혀 의심할 만한 여지가 없는 방식으로 성령세례를 받았던 사람들이었습니다. 이들은 복음운동과 부흥을 이루어 하나님으로부터 대단하게 쓰임을 받아서, 성령세례를 받았다는 증거를 보였습니다. 그러나 그들 중에 그 누구도 방언을 하지는 못했습니다.

만일 이것들이 단순한 사실들이라면, 그들은 우리에게 이러한 교리적인 설명을 하는 것이, 어떻게 잘못되었다는 것을 제시해야만 합니다. 그러나 저는 이를 공정하게 다루려고 합니다. 오순절 교회에 속한 모든 사람들이 그렇게 가르치는 것은 아닙니다. 어떤 사람들은 그렇게 하고 다른 사람들은 그렇지 않습니다. 1939년 스톡홀름에서 열렸던 유럽 오순절 회의(the European Pentecostal Conference)에서 방언이 성령의 사역과 별도로 일어날 수도 있다는 것을 인정하였다는 것은 흥미로운 일입니다. 세계 회의에서 성령과는 다른 권세들이 사람들에게 방언을 할 수 있다는 것을 기꺼이 인정했던 이들은, 정직한 하나님의 사람들입니다. 그들은 계속해서 그리스도인들은 방언의 표적이 없이도 성령충만을 받을 수 있다고 했습니다. 바로 그렇습니다! 만약 그들이 이것을 양보하고 인정하지 않았더라면, 그들은 성경의 명백한 가르침 뿐만 아니라, 역사적 사실들까지도 거부했을 것입니다.

저는 이제 이러한 이유로, 이 모든 것을 염려합니다. 사람들이 만일 그들이 방언을 하지 못하면 그들은 성령세례를 받지 못했다는 것을 들을 때, 많은 사람들은 비록 그들이 성령세례를 받았지만, 자신을 매우 불행하게 느낄 것입니다. 그들은 "그러나 나는 방언을 말해본 적이 없어. 이것을 인하여, 나는 성령세례를 받지 못했다는 말을 들었어"라고 말합니다. 그런데 그들은 들었던 것을 계속해서 생각했고 그 결과 그들은 불행해집니다.

그러나 이 거짓된 가르침에 의해 이와 같이 불행해진 사실보다 더욱 중요한 것은 그들은 물론, 이전에 심리적인 억압 앞에 놓여 있었던 것보다 더욱더 마음을 개방하고 스스로를 악령들의 영향에 빠뜨리는 것입니다. 그들은 너무나 이 "본질적인" 증거를 갖고자 열망해서 그들이 방언을 하기 위하여 할 수 있는 한 모든 것을 하게 됩니다. 물론 그들 중에 어떤 이는 얼마 후에 방언을 하기 시작합니다. 그런데 문제는—무엇이 그들에게 그렇게 하도록 했을까요? 다른이들은 여전히 불행하고 비참하게 됩니다. 이것은 확실히 잘못되고 거짓된 것입니다. 이 모든 것은 이러한 한 가지 가르침에 기인합니다.

어떤 사람이 방언을 할 수 없으면 그는 성령세례를 전혀 받지 못했다고 말하는 것은 교회사와 성경을 거부하는 것입니다.

저는 다시 한번, 저의 일련된 전체 설교들의 주된 목적의 하나는 성령세례의 교리를 보호하려는 것임을 밝히고자 합니다. 일부에서는 그들이 은사와 나타남과 과도함을 싫어하기에, 이와 함께 성령세례의 교리를 배척해 버리는 경향이 있습니다. -여러분은 둘 사이를 반드시 구별해야 합니다. 사람이 전혀 방언을 말할 수 없어도, 참으로 우리가 살펴보고 있는 이 위대한 장들에서 언급된 다른 은사들 중에 어떤 것이 없어도, 성령세례를 받을 수 있습니다.

이제 우리는 두번째 문제로 접어 들었습니다. 방언을 말한다는 것은 무엇일까요? 이것은 다시 한번 현재의 논의에 빛을 던져줄 수 있습니다. 여러분은 어떻게 방언을 정의하십니까? 우리가 사도행전 2장에서 사도들과 오순절 다락방에 모였던 사람들에게 일어난 것에 대해 들을 때 한 가지 어려움이 발생합니다. 우리는 "홀연히 하늘로부터 급하고 강한 바람같은 소리가 있어 저희 앉은 온 집에 가득하여 불의 혀같이 갈라지는 것이 저희에게 보여 각 사람 위에 임하여 있더니 저희가 다 성령의 충만함을 받고 성령이 말하게 하심을 따라 다른 방언으로 말하기를 시작하니라"라고 듣습니다.

어떤 편의 경향은 이것과 고린도전서 12~14장에서 사도가 말하고 있는 것을 동일시하는 것입니다. 그런데 저에게는 이것이 단순한 혼란으로 느껴집니다. 제가 이렇게 말하는 것은 오순절에 사도들이 알 수 있는 언어로 말하였기 때문입니다. 우리는 그곳에 있던 각기 다른 지방 사람들이 사도들이 자신들의 방언으로 말하는 것을 듣고서 놀란 점을 들어 이를 입증할 수 있습니다. "다 놀라 기이히 여겨 이르되 보라 이 말하는 사람이 다 갈릴리 사람이 아니냐 우리가 우리 각 사람의 난

곳 방언으로 듣게 되는 것이 어찜이뇨"(행 2 : 7~8). 그들은 분명히 자신들의 언어로 말하고 있었습니다.

당시에 일어난 것은 사도는 갈릴리의 표준어로 말하고 있었는데, 그것을 이해하는 은사가 다른 사람들에게 주어졌다고 말하는 사람들이 있습니다. 이러한 이유로 그것이 잘못되었습니다. 만약 이것이 사실이라면, 성령이 다른 사람들 위에 임하신 것입니다. 기적은 청중들에게 일어난 것이 됩니다. 그러나 우리에게 설명해 주는 것은, 기적은 전달자인 사도들에게 일어났다는 것입니다. 사도들은 이러한 여러 방언으로 말할 수 있었고 사람들은 그것을 들을 수 있었습니다. 바꾸어 말해, 거기에는 해석자가 필요없었습니다. 사람들은 그 언어들을 알았으며, 무엇이 말해지는가를 이해할 수 있었습니다.

그런데, 고린도전서 14장 전체의 요점은 통역이 절대적으로 필요하며 통역없이는 방언의 은사는 시행되어서는 안된다는 것입니다. 2, 4, 14, 그리고 15절은 이 통역자에 대한 필요를 강조하고 있습니다. 그러므로 저에게는, 고린도전서의 이 장들에서 우리가 사도행전에서처럼, "알 수 있는 방언"에 대해 다루고 있는 것은 아닙니다. 우리가 여기에서 다룰 필요는 없지만, 오순절에 일어났던 것이 일어나야만 했던 분명한 이유가 있습니다. 그것은 바벨탑에 대한 처방이며, 복음의 보편성에 대한 표적이기 때문입니다.

그러나 여기에서는 다른 어떤 것을 다루고 있습니다. 고린도와 같은 국제적인 도시이자, 항구도시에서는 분명히 다른 언어를 말하는 타지역에서 온 사람들이 있었을 것입니다. 만일 이 그리스도인들이 여러가지 언어로 말하고 있었다면, 그것을 이해할 수 있는 사람들이 참석하고 있었을 것입니다. 사도 바울 자신은 분명히 몇 가지 언어를 구사할 수 있었지만 그가 방언으로 말할 때면, 이해하지 못할 때가 있다고 말하였습니다.(고전 14 : 14 참고). 방언의 은사가 그렇게 주어졌기에 통역의 은사 또한 있었습니다. 그러므로 저에게는 고린도전서에서 알 수 있는 언어를 다루고 있지는 않다고 생각됩니다. 어쨌든 사람이 개인적인 기도에서 알 수 있는 다른 어떤 언어로 기도하는 것은 어떤 중요성이나 목적을 지닐 수 없습니다. 여기에서 이것에 의해 얻을 수 있는 것이 무엇이겠습니까? 이것에는 어떤 의도나, 어떤 목적도 있을 수 없는 것으로 보입니다.

이제 저는 여러분에게 사람들이 "방언(tongue)"-"한 알지 못하는 방언으로" 혹은, "한 방언으로" 일반적으로 "알지 못하는"이 첨가됩니다-이라는 용어에 완전한 의미를 부여하지 않기 때문에 일어나는 많은 문제들을 제시하려고 합니다. "방언"이라는 이 말의 기본적인 의미는 무엇입니까? 제가 여기에서 제 자신의 의견이 아니라 이 문제들에 관한 연구자들의 의견을 제시한다면, 확실히 헬라어는 "말하는 혀(speaking tongue)" 혹은 여러분이 원한다면, "움직이는 혀(the tougue in a ction)"를 의미합니다. 이것은 방언(dialects) 혹은 언어(languages)를 언급하지는 않습니다.

사도가 방언에 관해 말하고자 하는 것은 "성령에 의해 혀가 움직여지기 때문에, 혀가 말하는 것"입니다. 정상적으로 사람이 말할 때 그의 혀는 그의 의지의 방향과 사고의 결과로서 움직입니다. 그러나 사람이 방언으로 말할 때, 성령의 작용의 결과로서 혀가 움직입니다. 이 모든 은사들은 성령으로 말미암은 은사이며 바로 이말은 언어나 방언이라는 모든 개념을 거부한다는 것입니다. 방언은 성령에 의해 추진, 지시, 조절되는 결과로서의 말, 혀의 움직임, 혀가 말함을 나타낸 표적입니다.

이것이 저에게는 사도가 14장 14, 15절에서 매우 분명하게 제시하고 있는 것으로 보입니다. 그는 "내가 만일 방언으로 기도하면 나의 영이 기도하거니와 나의 마음은 열매를 맺히지 못하리라 그러면 어떻게 할꼬 내가 영으로 기도하고 또 마음으로 기도하며 내가 영으로 찬미하고 또 마음으로 찬미하리라"고 말합니다. 여러분은 "영으로 기도하는 것"과 "마음으로 기도하는 것" 사이에 대조를 보고 있습니다. 한편은 성령이 사람의 영에 작용하셔서 그의 혀를 움직이도록 하십니다. 다른 한편은 사람 그 자신과 그의 마음이 그의 혀를 통하여 말하는 것입니다.

이것은 결정적인 구절이며 차알스 핫지(Charles Hodge)의 주석에 익숙한 사람들은 그가 이 점에 있어, 스스로 상당한 곤란을 겪고있는 것을 잘 알 것입니다. 그가 이것에서 스스로 빠져 나갈 수 있는 유일한 방법은, 사도가 우리에게 실제로 말하고 있는 것은 "만일 내가 방언으로 기도하면, 나의 영은 기도하나, 내가 다른 사람에게 나의 마음을 전해 주고 있는 것은 아니다"라고 말하는 것입니다. 그러나 차알스 핫지의 이같은 해석은 사도가 말하는 것이 아닙니다. 바울은 그 자신의 영과 그 자신의 마음에 관하여 말하고 있습니다. 사도는 다른 사람에게 자기를 이해시키는 것은 진정으로 그가 말하고 있는 것이 아니며, 핫지의 이러한 해석은 문맥 전체에 해를 가져옵니다. 바울은 다만 자신에게 일어나는 어떤 일에 관하여 언급하고 있다는 저의 말에 다른 주석가들도 전적으로 동의하고 있습니다.

2절에서 이를 확증해 줍니다. "방언을 말하는 자는 사람에게 하지 아니하고 하나님께 하나니 이는 알아 듣는 자가 없고 그 영으로 비밀을 말함이니라." 그리고 그는 4절에서 "예언을 말하는 자는 교회의 덕을 세우나니"라고 말합니다. 이것은 이 은사에 관한 모든 신비입니다. 우리는 오직 방언으로 말하는 것은, 사람이 잠시 동안 성령에 의해 사로잡히는 것을 의미한다고 해석할 수밖에 없을 것입니다. 성령이 그에게 임하여 그를 영적인 세계로 끌어올리고, 그는 자신이 이해할 수 없는 말을 하고 있는 것을 깨닫게 됩니다. 이것은 특별한 언어입니다. 비록 그가 이것을 이해할 수 없을지라도, 4절 말씀처럼 자신에게 덕을 세웁니다. 그는 그 말을 이해하지 못하지만 그가 무엇을 하고 있는지를 압니다.―그는 자신이 하나님을 찬미하고 있는 것을 압니다. 이것이 2절의 진정한 의미입니다. "방언을 말하는 자는 사람에게 하지 아니하고 하나님께 하나니." 여기에서 "～에게(unto)"보다는 "～위하여(for)"로 번역하는 것이 더 낫습니다. 즉 말하자면, 그는 사람을 돕고 있는 것이 아니며, 사람을 위하여 어떤 일을 하고 있는 것도 아니며, 오직 하나님을 위하여 어떤 일을 하고 있는 것입니다. 그는 하나님께 영광을 돌리며 경배하고 찬미하고 있습니다. 그는 그가 하고 있는 것을 알지만, 그가 사용하고 있는 구체적인 언어를 파악할 수는 없습니다. 이 모든 것은 신비입니다.

그러나 여러분이 아시다시피, 우리는 영적인 영역에 대해 다루고 있습니다. 이 영역은 신비롭고 초자연적인 것입니다. 이것이 사도가 이 모든 장에서 마음속에 간직한 주제입니다. 이것들은 영적인 은사들입니다. 이것은 인간의 천성적 능력으로 강화된 것이 아닙니다. 이것은 은사이며 뭔가 새로운 것이며, 부여받은 어떤 것입니다. 그러므로 사도는 사람이 방언을 할 때 일어나는 것은 성령께서 잠시 동안 그의 마음과는 무관하게, 그를 지배하시는 것이라고 말합니다. 따라서 사람의 마음에서 방언이 나오는 것이 아니라, 직접적으로 인간의 영에서 방언이 나오는 것입니다.

물론, 제가 말하고 있는 것에 대한 마지막 증거는, 사도가 방언과 예언을 대조하고 있는데서 발견됩니다. 예언은 사람이 성령에 의해 계발되는 것을 의미합니다. 그런데 이때 계발되는 것은 사람의 마음입니다. 우리는, 그러므로 3절에서 "예언하는 자는 사람에게 말하여 덕을 세우며 권면하며 안위하는 것이요"라는 말씀을 읽습니다. 성령의 역사는 거의 끝이 없습니다. 성령은 사람의 마음과 지식을 계발시킵니다. 이것을 인하여 하나님께 감사하십시오! 우리는 모두 이것을 알고 있으며, 특별히 설교자는 어떻게 지식이 고양될 수 있는지 알고 있습니다. 그런데 사람들은 방언이 그의 마음을 통해서 나오며, 혀가 성령에 의해 계발된 마음으로 말미암아 움직이는 것이라 생각합니다. 그러나 방언으로 말하는 것에는 마음과 직접적인 관계가 없습니다. 이것은 성령이 사람의 영에 직접적으로 역사해서 혀가 움직이는 어떤 것입니다.

저는 아른트(Arndt)와 깅그리히(Gingrich)의 탁월한 사전을 참고하고서 매우 인상깊게 느꼈습니다. 그들은 전혀 의문의 여지가 없이 "방언을 말하는 것"은 이 장들에서는 "종교적인 황홀 상태에서 사람의 말이 터져 나오는 것"을 의미한다고 했습니다. 이것이 바로 제가 말하려는 것과 정확히 일치합니다. ─사람이 방언을 할 때는 그는 붙들림을 받아 자신을 초월하도록 이끌려서, 이해할 수 없는 언어로 말하는 것입니다. 저는 방언하는 자는 필경, "천국의 언어" 즉, "영광의 언어" 자체를 말하고 있다는 것에 기꺼이 동의합니다. 저는 항상 이것이 고린도후서 12장에서 사도가 14년 전에, 하늘 위로 이끌려져서 말할 수 없는 영광스런 말을 들었다고 한 것과 매우 유사하다고 생각해 왔습니다. 저는 이것을 여러분에게 증명할 수는 없습니다. 이것은 성령에 의해 사로잡혀서 황홀 상태에 이끌려지고, 거기에서 그가 말하고 있는 것을 이해하지는 못하나 영광스런 언어를 말하고 있는 것입니다. 그런데 그는 이것이 영광스런 언어라는 것과 그가 하나님을 영화롭게 하고 있다는 사실을 알 수 있습니다.

그러나 저는 여기에 한 가지 조건을 첨가하고 싶습니다. 비록 제가 사람이 종교적인 황홀 상태에 있다고 말했을지라도 그가 무의식 상태에 있다는 것을 의미하지는 않습니다.—제가 이후에 이것을 여러분에게 증명할 것이지만—그가 자신에 대한 통제력을 상실한다는 것을 의미하지는 않습니다.

우리가 접근할 다음 원리는 방언은 우리 스스로에 의해 시도될 수 있는 어떤 것이 아니라는 것입니다. 바꾸어 말하면, 사람은 그가 원할 때마다 방언을 할 수는 없습니다. 저에게는 이것이 모든 것중에 가장 중요하게 여겨집니다. 여러분은 오늘날, 거의 보편적으로 방언을 말한다고 주장하는 사람들을 볼 수 있습니다. 그들 중에 대부분은 그들이 원할 때마다 방언을 할 수 있다고 말합니다. 그들에게 "여러분은 여러분이 원할 때마다 방언을 할 수 있습니까?"라고 물어보십시오. 그들은 "예, 우리가 원할 때마다"라고 대답할 것입니다. 그리고 그들은 즉석에서 여러분에게 방언을 말할 것입니다. 저는 그들을 고린도전서 14장의 가르침과는 다른 범주로 취급합니다. 오히려 이것은 저에게 있어 진정한 방언을 모방된 것으로부터 구분시키는 중요한 증거의 하나로 간주됩니다.

제가 이것을 어떻게 입증할 수 있을까요? 저는 사도가 고린도전서 14:18에서 말하는 것에 주의를 기울여서 이를 입증하려고 합니다. 그는 "내가 너희 모든 사람보다 방언을 더 말하므로 하나님께 감사하노라"라고 말합니다. 이것이 저에게는 가장 중요한 말씀입니다. 그가 말하는 바를 정확히 살펴보기 위해 주의합시다. 그는 "내가 너희 모든 사람보다 더 많은 방언을 말하므로"라고 말하지 않습니다. 제가 이것을 강조하는 것은 이 장들에서 모든 초자연적이고 신비적인 것을 거부하는 사람들은 사도 바울이 여기에서 주장하는 모든 것은 그가 고린도 교인들보다 더많은 외국어를 알고 있었던 것이라고 말하기 때문입니다. 그들은 모든 문제는 다른 이방인들로 말하는 것을 언급하는 것이며 사도는 사실상, "나는 너희 중에 누구보다도 많은 외국어를 알게 되었다"라는 말이라고 합니다.

이것은 심지어 문법적으로도 잘못되었습니다. 그가 말하는 것은 그가 방언을 더 말한다는 것입니다. 이것은 부사입니다. ("방언을 더 말한다"에서 "더"는 부사이나, "많은 외국어를 말한다"에서 "많은"은 형용사이다.—역자주) 따라서 그는 "더 자주"라는 의미로 사용했으며 사실상, "내가 너희 모든 사람이 하는 것보다 더 자주 방언을 말하므로 하나님께 감사하노라"라고 말하는 것입니다. 만일 사람이 그가 원할 때마다 방언을 말할 수 있다는 것이 사실이라면 사도가 말하려는 의도는 무엇일까요? 만일 방언의 은사를 지닌 모든 사람이 임의로 그들이 원할 때마다 방언을 할 수 있다면 사도가 그들 모두가 하는 것보다 '더 자주' 방언을 한다는 것은 무엇을 의미할까요? 이것을 단순히 그가 그들이 하는 것보다 더 자주 방언을 하기로 결정했다는 것을 의미한다고 볼 수도 있습니다. 그렇게 말하는 것은 이 구절에서 어떤 목적도 있을 수 없으며, 참으로 그 다음 절에서 그러한 설명은 불가능하게 됩니다. "그러나 교회에서 네가 남을 가르치기 위하여 깨달은 마음으로 다섯 마디 말을 하는 것이 일만마디 방언으로 말하는 것보다 나으리라."

저에게는 사도가 말하고 있는 이 말씀에 오직 한 가지 설명만이 있는 것으로 보입니다. 사도는 "나는 너희들 중에 누구보다 성령에 의해 사로잡히는 것이 무엇인지를 더 잘 알고 있다고 생각한다"라고 말하고 있는 것입니다. 이것은 평범한 것이 아니라 놀랍고, 영광스럽고 특별한 어떤 것입니다. 그는 "성령이 너희들 중에 누구보다 나에게 더 자주 임하신다"라고 말하고 있습니다. 그는 사실상, "너희는 자랑하고 있고 나에게도 자랑하도록 하고 있다. 내가 너희들에게 말하고 있는 것은, 너희들 중에 누구보다 성령이 나를 붙드시고, 이러한 영역으로 이끄시는 것을 잘 알고 있다." 이것이 유일하게 고려할만한 설명입니다. 참으로, 저는 29, 30절이 이를 지지해 준다고 생각합니다. 그는 "예언하는 자는 둘이나 셋이나 말하고 다른 이들은 분별할 것이요." 계속해서 "만일 곁에 앉은 다른 이에게 계시가 있거든 먼저 하던 자는 잠잠할찌니라"라고 말합니다. 이것은 무엇을 의미합니까? 이것이 의미하는 것은 이렇습니다. 한 예언자가 말하고 있다고 가정하십시오. 이제, 바울에 의하면 메시지가 다른 예언자에게 주어지거든, 먼저 하던 자는 다른 이가 말할 수 있도록 잠잠하라는 것입니다 "만일 메시지가 다른 이에게 주어진다면" 즉, 예언자는 그가 원할 때마다 말할 수 있는 메시지로 충만한 것은 아니었습니다. 결코! 메시지는 "주어진"것입니다.

　모든 은사는 "주어진"것입니다. 방언에 적용되는 것은 기적에도 또한 적용됩니다. 신약성경에서 기적의 은사를 받은 사람이 그가 원할 때마다 기적을 행할 수 있다는 어떤 증거가 있습니까? 물론, 전혀 없습니다. 이것은 오히려 정확히 그 반대입니다. 이것은 모든 은사에 동일하게 적용됩니다. 예언자는 그가 원할 때마다 시작하고 마칠 수 있는 메시지로 항상 충만한 것은 아닙니다. 결코! 메시지는 그에게 임하고 그에게 주어진 것입니다.

　저는 이것을 모든 것 중에 가장 중요한 문제라고 생각합니다. 왜냐하면 저는, 만일 어떤 이가 저에게 와서 그가 원할 때마다 방언을 말할 수 있다고 이야기한다면, 그것은 아마도 심리적이거나 비영적인 어떤 것이라고 주장하기 때문입니다. 영적인 은사들은 항상 성령에 의해 통제됩니다. 이것들은 주어진 것이며 사람은 이것들이 부여될 때를 알 수 없습니다.
 저는 이것을 기적 사건의 예를 들어 여러분에게 증명하려고 합니다. 사도행전에서 사도들을 살펴보십시오. 그들은 기적의 은사를 받았습니다. 그런데 관찰할 때 흥미로운 사실은, 사도들은 결코 기적이 일어날른지 그렇지 않을른지 염려하면서, 누군가를 고치려고 시도하거나 실험하지 않았다는 것입니다. 절대로! 어떤 시도나, 실험이나 실패가 없었습니다. 더욱더 흥미로운 사실은, 사도들은 그들이 모일 때에 어떤 기적을 행하겠다고 공포한 적이 없다는 것입니다. 그들은 결코, "목요일에 오십시오. 기적이 행하여질 것입니다"라는 포스터를 내걸지 않았습니다. 전혀! 왜 그럴 수 없습니까? 유일한 답변은―그들은 언제 이것이 일어날른지 전혀 몰랐던 것입니다. 분명히 발생했던 사실은 그들은 갑자기 어떤 상황에 직면하게 되었고, 사명이 그때에 주어졌다는 것입니다.
 이러한 것에 대한 첫번째 예증으로, 사도행전 3장을 들 수 있습니다. 우리는, "나면서 앉은뱅이 된 자를 사람들이 메고 오니 이는 성전에 들어가는 사람들에게 구걸하기 위하여 날마다 미문이라는 성전 문에 두는 자라"라는 말씀을 읽습니다. 이제 그 다음을 주의하십시오. "베드로가 요한으로 더불어 주목하여 가로되…" 바로 이것이 그가 사명을 받았다는 뚜렷한 암시입니다. 그는 단순히 무엇이 일어날른지 시도해 보려는 것이 아닙니다. 그는 사명을 알았습니다. 그 다음을 살펴봅시다. "우리를 보라 하니 그가 저희에게 무엇을 얻을까 하여 바라보거늘 베드로가 가로되 은과 금은 내게 없거니와 내게 있는 것으로 네게 주노니 곧 나사렛 예수 그리스도의 이름으로 걸으라 하고 오른손을 잡아 일으키니 발과 발목이 곧 힘을 얻고." 이후에 베드로는 모여든 군중을 향해 이 일을 설명합니다. "아브라함과 이삭과 야곱의 하나님 곧 우리 조상의 하나님이 그 종 예수를 영화롭게 하셨느니라…그 이름을 믿음으로 그 이름이 너희 보고 아는 이 사람을 성하게 하였나니 예수로 말미암아 난 믿음이 너희 모든 사람 앞에서 이같이 완전히 낫게 하였느니라." 바꾸어 말하면, 베드로는 매우 명확하게 사명을 받았고, 따라서 그가 말한 것이 일어난 것입니다.

여러분은 이에 대한 수많은 예들을 발견할 수 있습니다. 사도행전 13장에서 사도 바울이 바보(Paphos)섬의 총독 서기오 바울과 함께 있던 바 예수라는 사람에게 행했던 기적을 살펴보십시오. 우리는 "이 박수 엘루마는 (이 이름을 번역하면 박수라) 저희를 대적하여 총독으로 믿지 못하게 힘쓰니 바울이라고 하는 사울이 성령이 충만하여 그를 주목하고"라는 말씀을 듣습니다. 그는 그가 원할 때마다 기적을 행할 수 있는 사람이 아니었습니다. 절대로! 그에게 사명이 주어지면, 그는 성령으로 충만되었습니다. 그는 "모든 궤계와 악행이 가득한 자요 마귀의 자식이요 모든 의의 원수여 주의 바른 길을 굽게 하기를 그치지 아니하겠느냐 보라 이제 주의 손이 네 위에 있으니 네가 소경이 되어 얼마 동안 해를 보지 못하리라"라고 말했습니다. 사도 바울은 그가 원할 때마다 할 수 있는 그러한 종류의 일을 할 수 없었습니다. 그에게 사명이 주어졌고 따라서 그가 말한 것이 일어났습니다. 이것은 절대적으로 확실합니다.

사도행전 14:8에서 바울이 루스드라의 앉은뱅이를 고친 사건도 동일합니다. 여러분은 다시 한번 동일한 표현을 볼 수 있습니다. "바울이 말하는 것을 듣거늘 바울이 주목하여 구원받을 만한 믿음이 그에게 있는 것을 보고 큰소리로 가로되…." 여러분은 어떤 근거를 여기서 발견할 수 없습니까? 여러분은 사명에 대한 저의 설명을 들을 수 없습니까? 이것을 주시는 분은 성령이십니다. 이것은 결코 사람에게 영속적인 소유가 될 수 없습니다.

또 다른 뚜렷한 예는 사도행전 16 : 16에서 점하는 귀신들린 여종의 경우에 나타납니다. "우리가 기도하는 곳에 가다가 점하는 귀신들린 여종 하나를 만나니 점으로 그 주인들을 크게 이하는 자라 바울과 우리를 좇아와서 소리질러 가로되 이 사람들은 지극히 높은 하나님의 종으로 구원의 길을 너희에게 전하는 자라 하며." 이제 주목하십시오 - "이같이 여러날을 하는지라." 만일 사도가 영속적으로 귀신을 쫓아내는 권세를 가지고 있었다면, 그는 왜 첫째날에 이 여종을 처리하지 않았을까요? 그는 그것이 점하는 귀신이며, 그녀가 귀신들렸다는 것을 알았습니다. 그는 그의 사명을 즉시 받지는 못했습니다. "이같이 여러 날을 하는지라 바울이 심히 괴로와하여 돌이켜 그 귀신에게 이르되 예수 그리스도의 이름으로 내가 네게 명하노니 그에게서 나오라 하니 귀신이 즉시 나오니라." 그는 알았습니다. 거기에 어떤 실패도 실험도 없습니다. 바울에게 사명이 주어졌고 악령은 그녀에게서 즉시 나왔습니다.

제가 이 모든 것을 말하고 있는 것은, 기적과 귀신 쫓아냄과 모든 은사들에 적용되는 것은 동일하게 방언의 은사에도 적용된다는 근본적인 원리를 입증하기 위한 것입니다. 그러므로 방언은 사람이 그가 원할 때마다 할 수 있는 어떤 것이 아닙니다. 절대로! "내가 너희 모든 사람보다 방언을 더 말하므로 하나님께 감사하노라." 바꾸어 말하자면, 사도는 "나는 너희들 중에 누구보다 더 자주 성령에 의해 통제되는 것을 안다." 그는 단순히 "나는 너희들 중에 누가 행하는 것보다 더 자주 방언을 행하려고 결정했다"라고 말하고 있는 것이 아닙니다. 이것은 그가 말하고 있는 것이 결코 아닙니다. - 그는 방언이 그에게 발생한다고 말합니다. 이 모든 것들은 성령의 은사들입니다. 이것들은 우리에게 일어나고, 우리에게 주어진 것입니다. 그러므로 저는 만일 우리가 원할 때마다 조정하고 다루고 사용할 수 있는 은사를 소유했다면, 고린도전서 12~14장의 영적인 은사의 범주에서 그것을 제외시켜야 한다고 생각합니다. 자기 최면술은 사람이 원할 때마다 할 수 있는 어떤 것이며 사실, 그 특징이기도 합니다.

저는 중국에서 수년 동안 선교사역을 해온 한 사람을 알고 있습니다. 그는 언젠가 그의 방에 홀로 있었을 때, 성령의 세례를 받았으며 그가 방언으로 말하고 있는 것을 스스로 깨달았습니다. 그런데 그는 그후로는 지금까지 방언을 하지 못했습니다. 이제 그는 이것에 대해 때로 염려하였으며, 저에게 와서 이것을 말하였습니다. 저는 제가 고린도전서 14:18을 그에게 설명해 주었을 때, 그가 느끼던 환희와 해방감을 결코 잊을 수 없을 것입니다. 저는 "사랑하는 형제여, 당신이 저에게 그것이 오직 한 번밖에 일어나지 않았다니, 저로 하여금 그것은 진실하고 믿을만하다고 말하게 하는군요. 만일 당신이 저에게 당신이 원할 때마다 방언을 한다고 말했다면, 저는 아마 진정으로 난감했을 겁니다"라고 말해 주었습니다. 저의 형제들이여, 이것들은 영적인 은사들입니다. 이것들은 인간의 통제 아래 있는 것이 아니라, 성령의 통제 아래 있습니다. 이것들은 교회에 주어진 은사들입니다. 성령은 주시며 그가 원하는 사람에게, 원하는 때에 주시는 분입니다. 그러므로 우리는 다양한 모양과 형체로 모방된 것들에 의해 속지 않도록 주의합시다. 다시 한번 고린도전서 14장의 증거를 주의깊게 살펴보십시오.

이것에 대한 결론을 맺기 위해서, 저는 제가 일찍이 방언을 말하는 사람은 황홀 상태에 있지만, 그는 여전히 이성이 있다고 했던 것을 부연하고자 합니다. 그는 자기 통제를 상실한 것은 아닙니다. 저는 이것을 고린도전서 14 : 27∼32로 증명하려고 합니다. "만일 누가 방언으로 말하거든 두 사람이나 다불과 세 사람이 차서를 따라 하고 한 사람이 통역할 것이요." 만일 우리가 통제할 수 없다면 이렇게 말하지 않았을 것입니다. "만일 통역하는 자가 없거든 교회에서는 잠잠하고 자기와 및 하나님께 말할 것이요." 여러분이 아시다시피 통제되는 것입니다. "예언하는 자는 둘이나 셋이나 말하고 다른 이들은 분변할 것이요 만일 곁에 앉은 다른이에게 계시가 있거든 먼저 하던 자는 잠잠할찌니라 너희는 다 모든 사람으로 권면을 받게 하기 위하여 하나씩 예언을 할 수 있느니라." 여기에 결정적인 구절이 있습니다.―32절 "예언하는 자들의 영이 예언하는 자들에게 제재를 받나니 하나님은 어지러움이 아니시오 오직 화평의 하나님이시니라."

그러므로 여기에서 놀랍고 굉장한 일은 비록 성령이 그가 원하실 때 우리를 사로잡으시고 우리를 이 영역으로 이끄시지만, 우리는 여전히 이성을 지니고 있다는 것입니다. 여러분은 이것을 시작할 수는 없으나 통제하거나 마칠 수는 있습니다. 이것이 이 장들의 가르침입니다. 이것은 성령의 역사입니다. 그렇습니다. 그는 동시에 어떠한 수의 사람들에게도 임할 수 있습니다. 그러나 사도의 말에 의하면, 여러분은 여전히 이성을 지니고 있습니다. 그러므로 혼란은 있을 수 없습니다. 공적으로 말할 때에는 수의 제한이 있어야 하며, 차서를 따라 행해져야 했습니다. 바울이 교회에 대해 일반적으로 말하기를 방언보다는 예언이 있게 하라고 하였습니다. "그런즉 내 형제들아, 예언하기를 사모하며 방언 말하기를 금하지 말라."

그러나 이 가르침은 여러분 스스로의 생각에 진정으로 이 은사를 소유했다면, 개인적으로 기도할 때 이것을 사용해야 한다는 것입니다. 사도는 여기에서 여러분이 교회에서 있을 때와 개인적으로 있을 때, 일어나는 일을 대조하고 있습니다. 그는 그의 의미를 분명히 하기 위하여 가정법을 사용하고 있습니다. 그는 사살상, "만일 너희 모두가 동시에 방언으로 말하면, 어떤 상태가 될 것인지 생각해 보라"라고 말하고 있는 것입니다. 23절을 보십시오. "그러므로 온 교회가 함께 모여 다 방언으로 말하면 무식한 자들이나 믿지 아니한 자들이 들어와서 너희를 미쳤다 하지 아니하겠느냐."

그러므로 사도는 여기에서, 그가 심지어 마음을 초월한 한 영역으로 이끌려지는 동안, 여전히 완전한 자기 통제를 유지할 수 있다는 특별한 일에 대해 명백히 가르쳐 줍니다. 여러분은 때로 자기 통제를 상실하는 모방된 것들을 발견할 것입니다. 여러분은 여러분의 자제력을 잃고, 지각을 포기할 것을 조장받을 것입니다. 그렇게 해서는 안됩니다. 우리는 우리의 지각을 행동에서 벗어나도록 해서는 안됩니다. 결코! 만일 성령이 우리의 마음을 초월하여 어떤 일을 우리에게 직접적으로 행하려고 결정하셨다면, 그것을 인하여 하나님을 찬양하십시오. 그러나 여러분은 결코 여러분의 마음을 넘겨주거나, 자제력을 잃게 해서는 안됩니다. 그것은 항상 거짓된 악령들과 심리적인 것과 암시나 그 밖의 다양한 것들에 문을 여는 것입니다. '이성을 초월한' 그러나 여전히 이성이 사용되는 이것이 성령의 영광스런 방법입니다. 따라서 사도는 "모든 것을 적당하게 하고 질서대로 하라"라고 말함으로 그의 강화를 마치고 있습니다. 예언자는 시작할 수는 없으나, 통제할 수는 있습니다. "예언하는 자들의 영이 예언하는 자들에게 제재를 받나니."

하나님께서 우리 모두에게 주시어 성령세례와 성령의 은사에 관한 이 위대한 가르침을 더욱더 상고하여, 우리가 사는 이 시대를 분별하고 구별할 수 있게 하시기를! "범사에 헤아려 좋은 것을 취하십시오."

－성령의 주권적 사역 끝－

CHRISTIAN LITERATURE CRUSADE

> 기독교문서선교회는 청교도적 복음주의신학과 신앙을 선포하는 국제적, 초교파적, 비영리 문서선교기관입니다.
>
> 기독교문서선교회는 한국교회를 위한 교육, 전도, 교화에 힘쓰고 있습니다.
>
> 만일 당신이 예수 그리스도와 그리스도인의 생활에 대하여 알기를 원하시면 지체말고 서신연락을 주십시요. 주 안에서 기쁜 마음으로 도움을 드리겠습니다.

서울 서초구 방배동 983-2
Tel. 586-8761~3

기독교 문서선교회

성령의 주권적 사역

Prove All Things

1990년 6월 20일 초판 발행
2018년 8월 20일 초판 5쇄 발행

지 은 이 | D. M 로이드 존스

옮 긴 이 | 정원태

펴 낸 곳 | 사) 기독교문서선교회
등   록 | 제16-25호(1980. 1. 18)
주   소 | 서울시 서초구 방배로 68
전   화 | 02) 586-8761~3(본사) 031) 942-8761(영업부)
팩   스 | 02) 523-0131(본사) 031) 942-8763(영업부)
홈페이지 | www.clcbook.com
이 메 일 | clckor@gmail.com
온 라 인 | 기업은행 073-000308-04-020, 국민은행 043-01-0379-646
         예금주: 사)기독교문서선교회

ISBN 978-89-341-0326-4 (03230)

* 낙장·파본은 교환해 드립니다.

이 도서의 국립중앙도서관 출판시 도서목록(CIP)은 서지정보유통지원시스템 홈페이지(http://seoji.nl.go.kr)와 국가자료공동목록시스템 (http://www.nl.go.kr/kolisnet)에서 이용하실 수 있습니다.